Platzierung und Präsentation der Medien in Bibliotheken

Platzierung und Präsentation der Medien in Bibliotheken

Grundlagen, Analysen und Umsetzungen
am Beispiel Öffentlicher Bibliotheken

Köln 2011

Bibliografische Information der Deutschen Nationalbibliothek
Die Deutsche Nationalbibliothek verzeichnet diese Publikation in
der deutschen Nationalbibliographie; detaillierte bibliographische
Informationen sind im Internet über http://dnb.d-nb.de abrufbar.

Satz: Natalie Fischer

Gedruckt in Deutschland

ISBN 978-3-00-031951-8

Vorwort

Die Stadtbibliothek Siegburg wurde 1989 im Stadtzentrum neu eröffnet und hat seither in der Bestandsaufstellung zahlreiche Veränderungen erfahren, insbesondere nach der Neufassung der ASB von 1999. Bestandsgruppen wurden vergrößert, verkleinert oder gar aufgelöst.

Trotz allem konnte die Bibliothek in den letzten Jahren einen Medienumsatz von acht verzeichnen und ging davon aus, dass die Kunden fanden, was sie suchten.

Erst die Kundenbefragungen von Frau Fischer brachten die Mängel deutlich zu Tage.

Deshalb stellte die Bibliothek im Sommer 2006 um und überarbeitete und erweiterte ihr Orientierungs- und Leitsystem.

Im Ergebnis hat sie dadurch eine klar gegliederte Raumstruktur mit einem Rundgang erhalten. An fünf Standorten informieren Lagepläne über die Platzierungen der Bestandsgruppen. An den Informations- und Ausleihtheken gibt es kaum noch Orientierungsfragen.

Umsatzsteigerungen in einzelnen Bestandsgruppen und die großzügiger wirkende Raumgestaltung sind Nährboden für viele neue Ideen im Kollegenbereich.

Die kundenorientierte Platzierung hat der Bibliothek viel Lob von den Benutzern eingebracht und zu einer erheblichen Entlastung an den Informationstheken geführt.

Die Stadtbibliothek hat von Frau Fischers Arbeit sehr profitiert und dankt für das große Engagement.

Christiane Bonse
Geschäftführerin der Stadtbibliothek Siegburg GmbH

Das Interesse an der Thematik meiner Veröffentlichung: Kundenorientierte Platzierung der Medien in Öffentlichen Bibliotheken, Berlin 2007, und die Idee einer praxisorientierten Darstellung ließen dieses Buch entstehen. Es basiert auf der genannten Veröffentlichung, die eine umfassendere, tiefergehende Darlegung der Gestaltungselemente, Kognitiven Strukturen und empirischen Analysen zur Ermittlung einer kundenorientierten Platzierung beinhaltet. Der vorliegende Titel stellt die Platzierung und Präsentation der Medien in einer Auswahl der detaillierter beschriebenen Elemente und der umgesetzten Praxis mit Abbildungen sowie Beispielen und Fotos von Bibliotheken und auch dem Buchhandel dar.

Für drei Bibliotheken, die Stadtbücherei Düsseldorf, die Stadtbibliothek Siegburg und die Stadtbücherei Wesseling, werden Vorschläge für kundenorientierte Neuplatzierungen vorgestellt. Diese basieren u.a. auf den Ergebnissen der Analysen zu einer kundenorientierten Platzierung. Die in der Stadtbibliothek Siegburg und der Stadtbücherei Wesseling erfolgte Umsetzung der Platzierung wird in dem Buch vorgestellt.

Für die sehr gute Zusammenarbeit bei der gemeinsamen Umsetzung meiner Vorschläge bedanke ich mich bei Frau Bonse und Frau Baltes der Stadtbibliothek Siegburg und Frau Raabe der Stadtbücherei Wesseling sowie den weiteren Mitarbeitern.

Auch danke ich den Mitarbeitern der Bibliotheken, die mit Informationen und Fotos zu weiteren Beispielen beigetragen haben.

Das Buch kann als Anregung dienen, in der eigenen Bibliothek die Platzierung und Präsentation kundenorientiert auszurichten.

M. u. J., O., P.

Natalie Fischer

Inhaltsverzeichnis

1 Einleitung

Die Bibliotheksgestaltung mit den Bereichen der Platzierung und der Präsentation ist ein wichtiges Instrument insbesondere von Freihandbiblio-
theken. Kundenorientierte Ziele, die durch ihren Einsatz erreicht werden
können, sind die Sucheffizienz und die Stimulation.

Eine Gestaltung, die den Kunden eine gute, selbstständige Orientierung ermöglicht, ist eine Grundvoraussetzung, auch da diese die benötigten Medien überwiegend zunächst selbstständig suchen. Die Anregung bei der
Mediensuche ist ebenfalls zu berücksichtigen.

Eine unstrukturierte Aufstellung der Medien und Regale, eine nicht klar
strukturierte Gangführung und fehlende, unzureichende oder nicht mit
der Platzierung übereinstimmende Beschilderung erschweren die Orientierung und sind in Bibliotheken anzutreffende Schwachstellen. Frontalpräsentationen zur Anregung bei der Mediensuche werden nicht immer umgesetzt, teilweise, da komplett mit Büchern bestückte Regale keinen Platz
dafür bieten.

Grund für die unstrukturierte Aufstellung und zu voll mit Büchern gestellten Regale ist häufig, dass die Aussonderung nicht konsequent in Relation zu Neuerwerbung und Absenz umgesetzt wird. Nach der Ausschöp-
fung der vorhandenen Regalplatzkapazität wird der wachsende Bestand
in zusätzlich im Raum oder auch in räumlichen Erweiterungen aufgestellten Regalen platziert. Bereiche werden so unter Umständen aus Platzgründen umplatziert, womit die standortgebundene Systematik in der Bibliothek
nicht mehr konsequent angewandt wird. Die nicht mit der Platzierung
übereinstimmende oder fehlende Beschilderung begründet sich oft dadurch, dass die Beschilderung bei Umplatzierungen nicht aktualisiert wird.

Neuplatzierungen geben bei Berücksichtigung bibliotheksindividueller Faktoren die Möglichkeit, eine klar strukturierte, orientierungsfreundliche und
anregende Platzierung zu schaffen. Insbesondere kognitive Aspekte der
Platzierung, wie eine Bestandsplatzierung, die das Kriterium der Sucheffizienz erfüllt, und der Präsentation, wie die Unterstützung der Orientie-

rung durch Leit- und Orientierungssysteme, können konsequent berücksichtigt und umgesetzt werden.

Für die Anregung von Kunden bieten sich insbesondere Befristete Platzierungen von Medien an, bei denen die Bibliothek ihre Kompetenz und Individualität betonen und auch Öffentlichkeitswirkung erreichen kann.

Auch im Zuge der Digitalisierung besteht ein Interesse an der „realen Bibliothek" und damit an der Qualität des Bibliotheksraums. Gedruckte Medien werden neben digitalen Medien bestehen, und digitale Angebote können auch vor Ort in der Bibliothek genutzt werden; ebenso gewinnt die Bibliothek als Aufenthaltsort wie zum Lesen, Arbeiten und Kommunizieren an Bedeutung, die mit zunehmender Aufenthaltsqualität steigt.

Im Anschluss an die Einleitung im 1. Kapitel werden im 2. Kapitel die für eine kundenorientierte Platzierung und Präsentation relevanten Grundlagen dargelegt. Das Kapitel geht auf die Kognitiven Strukturen der Kunden einschließlich der kundenorientierten Platzierung der Wissensbereiche ein, stellt das Gestaltungsinstrument Platzierung mit insbesondere Platzierungsgruppen und Platzierungsort sowie Elemente der Präsentation wie Beschilderung und Dekoration dar. Angesprochen wird zudem die Umsetzung mit der Kommunikation. Beispiele der in die Praxis umgesetzten Theorie in Bibliotheken und dem Buchhandel veranschaulichen die Thematik. Im Text sind sie eingerückt und in kleinerer Schriftgröße dargestellt.

Das 3. Kapitel beinhaltet die Platzierung und Neugestaltung in drei bzw. zwei Öffentlichen Bibliotheken. Es wird unter anderem die Ist- bzw. ursprüngliche Platzierung vorgestellt und analysiert sowie das Platzierungswissen der Kunden und die Neuplatzierung mit der Umsetzung präsentiert.

Das 4. Kapitel schließt mit einer Zusammenfassung.

Die Fotos, Lagepläne und Screenshots sind jeweils am Ende der Kapitel angefügt. Die Wissensbereiche sowie Bereiche wie CDs, DVDs, Zeitschriften und Zeitungen sind, wenn sie als Gruppen umgesetzt sind, im Text kursiv gesetzt.

2 Grundlagen Bibliotheksgestaltung

Die Bibliotheksgestaltung stellt ein eigenständiges Instrument der Bibliothek dar. Sie wird in die Gestaltungsbereiche Platzierung und Präsentation untergliedert.

Durch die Kombination der Gestaltungselemente, d.h. durch ihre gesamtheitliche Wirkung, entsteht eine bestimmte Atmosphäre. Unter Atmosphäre versteht man die Qualität des umgebenden Raumes. Sie wird über die Sinne wahrgenommen.

Atmosphärische Wirkungen sind informative und emotionale Wirkungen. Der Schwerpunkt der Präsentation liegt darauf, die emotionalen Vorgänge im Kunden zu beeinflussen, während die Platzierung insbesondere die kognitiven Vorgänge berücksichtigt.

Kundenansprüche an die Platzierung und die Präsentation der Medien sind die Reduzierung des Suchaufwandes und die Stimulation. Die Reduzierung des Suchwandes beinhaltet die Reduzierung des kognitiven bzw. psychischen und des physischen Aufwandes, d.h. des tatsächlich zurückgelegten Laufweges. Beide Faktoren bestimmen die Suchzeit des Medienstandortes. Die Stimulation umfasst die Anregung des Kunden, indem er auf für ihn interessante Medien aufmerksam gemacht wird.

Die Atmosphäre der Bibliothek hat Einfluss auf z.B. Frequenz, Stimmung, Zufriedenheit, Aufenthaltsdauer, Medienkontakte und Ausleihverhalten der Kunden sowie auf das Bibliotheksimage und zeigt somit die grundsätzliche Bedeutung der Gestaltungselemente.

Im Folgenden werden wichtige Gestaltungselemente der Platzierung und Präsentation der Medien vorgestellt, die die Bibliothek, aufeinander abgestimmt, zur Erzeugung einer angenehmen, d.h. unter anderem sucheffizienten und anregenden Gesamtatmosphäre verwenden kann. Die Umsetzung einzelner Bereiche der Platzierung und Präsentation wird abschließend kurz dargestellt.

2.1 Platzierung der Medien

Die Platzierung der Medien umfasst die Bildung der Platzierungsgruppen, die Festlegung der Platzierungsdauer und die Anordnung der Gruppen, d. h. die Bestimmung von Platzierungsort und Platzierungsart. Vorangestellt als Grundlage für eine kundenorientierte Platzierung sind die Kognitiven Strukturen.

2.1.1 Kognitive Strukturen

Bei Suchprozessen bringen Menschen die wahrgenommenen Elemente mit ihren Kognitiven Karten und Kognitiven Kategorien in Zusammenhang, um sich zu orientieren. Die Existenz kognitiver Lagepläne und das Wissen über Zusammenhänge sind somit bedeutend für die Orientierung. Die Bibliothek kann den Kunden durch eine orientierungsfreundliche Platzierung bei diesen Prozessen unterstützen.

Kognitive Karten

Die Kognitive Karte (Cognitive Map) ist die strukturierte Repräsentation, die eine Person von einem Ausschnitt der räumlichen Umwelt besitzt.[1] Sie ist eine individuelle, vereinfachte, unvollständige und verzerrte Repräsentation, die sich verändert.[2]

Lagepläne dienen der Orientierung in der Umwelt. Orientierung umfasst die Fähigkeit zu wissen, wo man sich befindet (Standort), wo das Objekt ist, zu dem man hin möchte (Zielort) und wie man dort hinkommt (Weg).

Die Fähigkeit, Kognitive Karten zu bilden und das Platzierungswissen in der Bibliothek hängen insbesondere von dem Kunden mit seinen individuellen Einflussfaktoren und der Bibliothek mit der Bibliotheksgestaltung und dem Medium ab.

---

[1] Kognitive Karten können z. B. sowohl visuell, auditiv als auch olfaktisch sein.
[2] Kognitiven Karten können normalerweise leicht neue Informationen hinzugefügt werden. Ältere Personen besitzen unter Umständen eine geringere Veränderungsfähigkeit ihrer Kognitiven Karten.

Individuelle Einflussfaktoren sind beispielsweise das Alter bzw. die Entwicklung, die Erfahrung und die Mobilität.

Kognitive Lagepläne verändern sich durch Lernen. Je häufiger und intensiver eine Bibliothek besucht wird, desto mehr Informationen erhält der Kunde, die er mit seinem Wissen verknüpfen und mit denen er seinen Lageplan vervollständigen kann. Entsprechend verfügt der Kunde über bessere Kenntnisse der Bereichsstandorte. Die Besuchshäufigkeit des Bereichs bestimmt sein Platzierungswissen.

Die Verständlichkeit und Einprägsamkeit der Bibliothek unterstützen den Informationsverarbeitungsprozess. Das heißt, je einprägsamer der Ort der Platzierung ist, desto besser ist das Platzierungswissen. Entsprechend haben die Gestaltung und Anordnung der Elemente in der Bibliothek bedeutenden Einfluss darauf, wie erfolgreich ein Kunde sie kennenlernt. Elemente, durch deren Einsatz die Bibliothek verständlich strukturiert werden kann, sind beispielsweise Gänge und Regale, durch deren Anlage und Platzierung eine klare Gangstruktur und abgegrenzte Bereiche geschaffen werden können, Treffpunkte von Wegen sowie Orientierungspunkte wie der Informationsplatz und die Verbuchungsstelle.

Die Einprägsamkeit von Elementen hängt von ihrer Prägnanz ab. Je größer die Unterscheidungsfähigkeit der Medien zu der in der Bibliothek überwiegenden Medienart ist, desto besser ist das Platzierungswissen. In einer Bibliothek mit dem dominierenden Medium Buch werden Platzierungsgruppen anderer Medienträger besonders auffallen.

Weitere Bestimmungsfaktoren des Platzierungswissens können die Bibliotheksgröße, das Leit- und Orientierungssystem usw. sein.

Ziel der Umgebungsgestaltung für Personen sollte ihre Optimierung sein. Die Erforschung Kognitiver Karten kann genutzt werden, um festzustellen, wie Personen ihre Umwelt wahrnehmen und um räumliches Entscheidungsverhalten zu verstehen.

Kognitive Kategorien

Die grundlegende Charakteristik bedeutungsbezogener Wissensrepräsentationen besteht in einer Abstraktion, die von den Erfahrungen, die zum Wissensaufbau geführt haben, wegführt.

Eine Art bedeutungsbezogener Repräsentationen sind konzeptuelle Repräsentationen. Bei konzeptuellen Repräsentationen werden Merkmale und Kennzeichen der jeweiligen Erfahrungsklasse allgemein kategorisiert. Spezifische Erfahrungen der Person werden nur indirekt berücksichtigt.[3]

Eine wesentliche Funktion des Kategorisierens ist, Voraussagen über etwas treffen zu können. Beispielsweise kann eine Person, die ein Fachbuch sucht, aufgrund ihrer Kategorienbildung „Öffentliche Bibliothek" und „Wissenschaftliche Bibliothek" entscheiden, nach dem Buch zunächst in der Wissenschaftlichen Bibliothek zu recherchieren. Individuellen Erfahrungen kann bei der Kategorisierung eine wesentliche Rolle zukommen. Auch erleichtert die Kategorisierung die Kommunikation. Personen, denen der Begriff „Öffentliche Bibliothek" bekannt ist, können sich eine Vorstellung des Ortes machen und leicht miteinander kommunizieren.

Die folgende Abbildung 1 zeigt die Kognitiven Kategorien der Wissensbereiche der „Allgemeine[n] Systematik für Öffentliche Bibliotheken" (ASB)[4] von Bibliothekskunden.[5] Die Kategorien wurden in einem Sortierexperiment erhoben, in dem die Bereiche durch Hierarchisches Sortieren gruppiert wurden. Auf der Basis der symmetrischen Distanzmatrix wurde eine Clusteranalyse durchgeführt, die das folgende Dendrogramm ergibt.

---

[3] Zwei frühe und bekannte Notationssysteme zur Repräsentation konzeptuellen Wissens sind die semantischen Netzwerke und die Schemata.

[4] Die Systematik der ASB siehe in Anlage 1.

[5] Um eine möglichst eindeutige Zuordnung der Bereiche zu erhalten, wurden die Bereiche *Sozialwissenschaften* und *Politik/Verwaltung*, *Musik, Tanz, Theater* und *Film, Hörfunk, Fernsehen*, *Land-, Forst- und Fischwirtschaft* und *Hauswirtschaft* sowie *Sport* und *Freizeit*, die in der ASB unter den Notationen G, S, X und Y jeweils zusammengefasst sind, getrennt als Gruppen erfasst. Die *Fremdsprachige Belletristik* wurde als Bereich hinzugefügt.

Abbildung 1:   Kognitive Kategorien über die Wissensbereiche der ASB

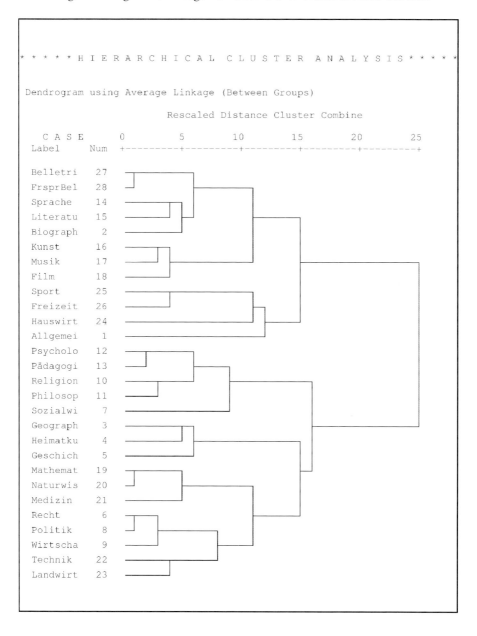

Das Dendrogramm zeigt, dass zwei Hauptcluster bestehen.

Die der Gruppe 1 zugeordneten Bereiche werden in zwei Untergruppen aufgeteilt. Zu der Gruppe 1.1, „Schöne Künste", zählen „Literatur und Sprache" (Gruppe 1.1.1) mit den Bereichen *Belletristik, Fremdsprachige Belletristik, Sprache, Literatur* und *Biographische Literatur* sowie „Kunst" (Gruppe 1.1.2) mit den Bereichen *Kunst, Musik, Tanz, Theater* und *Film, Hörfunk, Fernsehen*.[6] Die Gruppe 1.2, „Freizeit und Sport", beinhaltet die Bereiche *Sport, Freizeit, Hauswirtschaft* und *Allgemeines*.[7]

Die Gruppe 2 unterteilt sich in drei wesentliche Gruppen. Die Gruppe 2.1, „Philosophie und Pädagogik", enthält die Bereiche *Psychologie, Pädagogik, Religion, Philosophie* und *Sozialwissenschaften*. Der Gruppe 2.2, „Geographie und Geschichte", werden die Bereiche *Geographie, Heimatkunde* und *Geschichte* zugeordnet.[8] Zu Gruppe 2.3, „Naturwissenschaften und Technik", gehören die zwei Untergruppen „Mathematik und Naturwissenschaften" (Gruppe 2.3.1) mit *Mathematik, Naturwissenschaften* und *Medizin* sowie „Wirtschaft und Technik" (Gruppe 2.3.2) mit den Bereichen *Recht, Politik/Verwaltung* und *Wirtschaft* sowie *Technik* und *Land-, Forst- und Fischwirtschaft*.[9]

Die Bibliothekskunden ordnen die Wissensbereiche nach ihren Inhalten. Der Bereich *Belletristik* wird eindeutig der Gruppe 1.1.1 „Literatur und Sprache" zugeordnet. Die Probanden nehmen keine Unterscheidung wie die klassifikatorische Trennung zwischen Sachliteratur und *Belletristik* vor. Ursprünglich dominierte in der Bibliothek das Medium Buch den Bestand.

---

[6] Der ASB-Bereich „*Musik. Tanz. Theater. Film. Hörfunk und Fernsehen*" wird im Folgenden mit *Musik, Tanz, Theater* und *Film* bezeichnet.

[7] Der Bereich *Sport und Freizeit* ist in der ASB mit „Sport, Freizeitgestaltung" erfasst, der Bereich *Land- und Hauswirtschaft* unter „*Landwirtschaft. Forstwirtschaft. Fischwirtschaft. Hauswirtschaft*". Der mit *Allgemeines* gekennzeichnete Bereich ist in der ASB unter „*Allgemeines. Wissenschaft, Kultur, Information und Kommunikation*" erfasst.

[8] Der mit *Geographie* gekennzeichnete Bereich ist in der ASB mit „*Geographie, Ethnologie*" bezeichnet. Der mit *Geschichte* bezeichnete Bereich ist in der ASB mit „*Geschichte, Zeitgeschichte einschließlich Kulturgeschichte und Volkskunde*" erfasst.

[9] Mit *Technik* wird der Bereich „*Technik, Industrie, Handwerk und Gewerbe*" bezeichnet.

Spätestens mit dem Aufkommen neuer Medienarten wie CDs, DVDs und BDs ist die Aufteilung zwischen Sachliteratur und *Belletristik* zum einen nicht mehr ausreichend und wird zum anderen inkonsequent in der Systematik gehandhabt.

Die Frage der Trennung zwischen Sachinformation und Kunst oder fiktiver Information stellt sich dementsprechend in Bezug auf die Gliederungsebene. Der übergeordnete Gliederungsaspekt sollte der Wissensbereich sein, in diesem Fall der Bereich *Literatur*, in dem eine klare Trennung zwischen Sachliteratur und *Belletristik* vorgenommen wird.[10]

> In der Zentral- und Landesbibliothek Berlin erfolgt eine Aufteilung der Wissensbereiche thematisch auf die verschiedenen Gebäude, z.B. sind die Bereiche *Musik, Kunst-Bühne-Medien (Videos/Artothek)* und *Literatur - Sprachen - Länder* im Haus Amerika-Gedenkbibliothek, *Mathematik - Informatik - Multimedia, Naturwissenschaften - Technik - Sport, Recht - Wirtschaft, Zentrum für Berlin-Studien* und *e-LernBar* im Haus Berliner Stadtbibliothek sowie *Städtebau, Verwaltung, Raumordnung* und *Öffentliches Recht* in der Senatsbibliothek Berlin platziert.

> Die Stadtbücherei Pfullingen hat auf Basis der Kognitiven Kategorien bei der Neugestaltung im Jahr 2010 im 2. Obergeschoss einen Bereich „Schöne Künste" mit *Kunst, Musik* einschließlich der *Musik-CDs, Literatur* und *Belletristik* geschaffen. Auch die weiteren Sachbereiche wurden inhaltlich zusammenhängender platziert.

Die in der ASB unter den Notationen G, S, X und Y zusammengefassten Bereiche werden von den Kunden nicht unmittelbar assoziiert. Beispielsweise ist die Assoziation von *Musik, Tanz und Theater* mit *Kunst* stärker als mit *Film*. Die Bereiche G, S, X und Y der ASB sollten in die genannten Gruppen „*Politik/Verwaltung*" und „*Sozialwissenschaft*", „*Musik, Tanz, Theater*" und „*Film*", „*Hauswirtschaft*" und „*Landwirtschaft*", „*Freizeit*" und „*Sport*" aufgeteilt und entsprechend platziert werden.

---

[10] Dementsprechend sind in der Systematik *Musik-CDs* bei *Musik, Tanz-DVDs* bei *Tanz, Film-DVDs* bei *Film* und *Spiele* bei *Freizeit* integriert.

Es besteht eine Verknüpfung zwischen den Bereichen *Sprache* und *Fremd-sprachiger Belletristik*.[11] Es empfiehlt sich, einen Platzierungszusammenhang von *Sprache* mit *Literatur* und *Fremdsprachiger Belletristik* herzustellen.

> In der Stadtbibliothek Bremen gibt es in der Zentralbibliothek den Bereich „Internationale Romane". Dort können in 37 verschiedenen Sprachen Romane als gedruckte Ausgabe, Hörbuch und Verfilmung ausgewählt werden. Die „Internationale[n] Romane" sind neben dem Bereich *Sprache* platziert.

Der Bereich *Biographische Literatur* ist am häufigsten der Gruppe „Literatur und Sprache" zugeordnet. Auch werden *Biographische Literatur* und *Geschichte* miteinander assoziiert. Die ASB sieht den Bereich *Biographische Literatur* nur für die Biographien vor, die sich keiner der anderen Gruppen zuordnen lassen. Da es sich bei dem Bereich entsprechend um eine sehr schwach besetzte Klasse handelt und für eine gute Indexierungsgenauigkeit eine ausgeglichene mittlere Klassenbesetzung und kleine Varianz der Klassenbesetzung anzustreben ist, ist zu erwägen, diesen Bereich aufzulösen. Stattdessen könnte eine Befristete Platzierung „Neue Biographien" präsentiert werden, die die Neuerwerbungen der Biographien aller Bereiche enthält, welche nach einer bestimmten Zeit den entsprechenden Wissensbereichen zugestellt werden.

> In der Stadtbücherei Frechen, der Stadtbibliothek Hattingen und der Stadtbücherei Tübingen, die nach der ASB aufstellen, existiert beispielsweise der Bereich *Biographische Literatur* nicht.

> Die Mediathek Schramberg hat die ursprünglich dezentrale Platzierung der *Biographischen Literatur* bei den Wissensbereichen im Jahr 2009 zu einer zentralen Aufstellung einer Gruppe *Biographien*, bei der die Untergruppen die verschiedenen Wissensbereiche sind, verändert. In dem Jahr 2010 ist beabsichtigt, die Medien dieser zentralen Platzierung *Biographien* innerhalb dieser Gruppe alphabetisch aufzustellen und den Bereich räumlich näher an der *Belletristik* aufzustellen.

---

[11] Der Bezug zwischen *Sprache*, *Literatur* und *Fremdsprachiger Belletristik* besteht für die Probanden unabhängig von eventueller anderer fremdsprachiger Literatur.

Der Bereich *Allgemeines* besitzt keine eindeutige Zuordnung. Es besteht von ihm meist keine inhaltliche Vorstellung, auch fiel die Zuordnung schwer, da der Bereich inhaltlich nicht eindeutig besetzt ist.

Der relativ engen Zuordnung der Bereiche *Philosophie* und *Religion* können gelernte Assoziationen zugrunde liegen. Der Bereich *Philosophie* wurde auch in Nähe zu *Sprache* und *Literatur* sowie *Religion* bei *Geschichte* angeordnet.

Die Bereiche *Geographie*, *Heimatkunde* und *Geschichte* besitzen keine enge Verbindung. *Heimatkunde* ist kein Wissensbereich und erschwert somit eine eindeutige Zuordnung. Es wurde die Zuordnung zu *Geographie* oder *Geschichte* durchgeführt. *Geographie* wurde auch zu *Naturwissenschaften* geordnet.

> Die Zentral- und Landesbibliothek Berlin nimmt eine Trennung in *Geographie* mit den Bereichen *Allgemeine Geographie*, *Völkerkunde* und *Regionale Geographie* und in das *Reisezentrum* mit einem aktuellen Angebot an Reiseführern, Bildbänden, Stadtplänen und Landkarten, Reisezeitschriften, Reise-DVDs usw. vor.

Bereiche, die keine Wissensbereiche sind, erschweren dem Kunden, eine eindeutige Struktur zu bilden, da sie Zuordnungsprobleme beinhalten. Generell ist die systematische Klassifikation nach Wissensbereichen, deren Zuordnungsreihenfolge den Kognitiven Strukturen entsprechen sollte, zu bevorzugen.

Die Anpassung der Platzierung an die Kognitiven Strukturen der Kunden empfiehlt sich grundsätzlich. Dabei ist im Wesentlichen den Ergebnissen der Clusteranalyse mit den ermittelten Gruppen zu folgen, die Bibliotheken ermöglichen, eine kundenorientierte Platzierung zu schaffen.[12]

---

[12] Weitergehende Änderungen beziehen sich auf die Klassifikation. Insbesondere für Bereiche, die keine Wissensbereiche darstellen, wie *Allgemeines*, *Heimatkunde* und *Freizeit*, empfiehlt sich eine Überarbeitung. Beispielsweise könnte ein neuer Bereich sowohl die Länder (Reiseliteratur) als auch *Heimatkunde* aufnehmen. Dadurch würde auch der Inhalt des Bereichs *Geographie* seine Verfälschung verlieren und

2.1.2 Platzierungsgruppen

Unter Platzierungsgruppenbildung wird die Zusammenfassung von Medien mit gemeinsamen Merkmalen zu Gruppen verstanden, in denen sie gemeinsam platziert werden. Die Zuordnung wird von unterschiedlichen Gründen, die z.B. bibliotheksintern, kundenbezogen und saisonal sein können, beeinflusst.

Ein grundsätzliches Entscheidungskriterium der Platzierung ist die Platzierungsdauer, auf die deshalb zunächst eingegangen wird. Im Anschluss daran werden die wichtigsten Platzierungsgruppen erläutert. Abschließend werden die Platzierungsmenge und die Platzierungshäufigkeit behandelt.

Bei der Platzierungsdauer wird zwischen der Unbefristeten Platzierung (Dauerplatzierung) und der Befristeten Platzierung unterschieden. Zu der Dauerplatzierung gehört in der Regel die systematische Aufstellung nach Wissensgebieten. Sie sollte kognitiv basiert sein, um eine gute Orientierungsmöglichkeit zu gewährleisten und damit dem Kriterium der Sucheffizienz zu entsprechen.[13] Zu der Befristeten Platzierung eignen sich insbesondere Medien gleicher Bedarfsfristigkeit wie saisonabhängige Medien. Zusätzlich zu der Dauerplatzierung sollte die Befristete Platzierung von Mediengruppen an verschiedenen Stellen in der Bibliothek die emotionale Anregung des Kunden fördern.[14] Als Nachteile der Befristeten Platzierung können der höhere Planungs- und Durchführungsaufwand gelten, denen die Vorteile der Attraktivität dieser Platzierung für den Kunden und dadurch unter Umständen Zusatzausleihen gegenüberstehen sowie die Öffentlichkeitswirksamkeit.

---

näher bei *Naturwissenschaften* assoziiert. Vergleiche auch die Trennung der Warengruppe Reise und der Warengruppe Geowissenschaften im Buchhandel. Der Bereich *Freizeit* könnte aufgelöst werden, da seine Untergruppen jeweils Untergruppen der Wissensbereiche darstellen. So wäre Basteln eine Untergruppe von Bau und Technik. Der Bereich *Sport* würde sich dann *Medizin* und *Biologie* annähern.

[13] Die Dauerplatzierung muss auf einer der Gliederungsebenen auf der Bibliotheksklassifikation basieren.

[14] Dabei regt auch eine sucheffiziente Platzierung an.

Als Befristete Platzierung werden in Öffentlichen Bibliotheken häufig die Neuerwerbungen, Neuerscheinungen und Bestseller sowie saisonal befristet die Medien zu Ostern und Weihnachten getrennt platziert. Das große Potential individuell geschaffener Befristeter Platzierungen, insbesondere thematischer, wird meist nicht genutzt. Dabei besteht darin die Möglichkeit, Individualität und Kompetenz zu zeigen.

Beispiele für die Vielzahl der Möglichkeiten von in Bibliotheken umgesetzten Befristeten Platzierungen werden im Rahmen der Platzierungsgruppen aufgezeigt.

Befristete Platzierungen sind entleihbar. Entweder die Medien sind sofort zu entleihen oder, wenn sie zunächst als Medienausstellung präsentiert werden, im Anschluss an diese. Dafür kann während der Ausstellung die Möglichkeit der Vormerkung der Medien bestehen.

Platzierungen können bereichsübergreifend und bereichsspezifisch erfolgen. Bereichsübergreifend bedeutet, dass die Platzierungsgruppen von Medien aus verschiedenen Bereichen gebildet werden und ihre Platzierung zusammen an einem Ort stattfindet. Bereichsspezifisch bedeutet, die hervorzuhebenden Medien eines Bereiches werden bei diesem getrennt platziert.

Platzierungsgruppen müssen, um aktuell und attraktiv zu bleiben, neu geschaffen, angepasst, verändert und auch wieder aufgelöst werden. Eine ursprünglich als befristet geplante Platzierung kann so attraktiv sein, dass sie zu einer Dauerplatzierung wird. Ebenso kann eine Dauerplatzierung verändert bzw. aufgelöst werden und die Medien dieser Gruppe anderen Gruppen zugestellt und in Abständen als Befristete Platzierung zusammen gruppiert werden. Eine Bibliothek kann z.B. die Vielzahl der aufgestellten Interessenkreise bei der *Belletristik* reduzieren und die Medien alphabetisch nach Autoren aufstellen, dabei aber regelmäßig einzelne Interessenkreise als Befristete Platzierung darbieten. Eine Platzierungsgruppenveränderung, die von den Kunden nicht angenommen wird, muss wieder rückgängig gemacht werden.

Die Stadtbücherei Pfullingen hat im Rahmen der Neuplatzierung im Jahr 2010 die Gruppe Nachschlagewerke aufgelöst. Der Bestand wurde reduziert und die restlichen Medien wurden den jeweiligen Sachbereichen oder dem Magazin zugestellt.

Grundsätzlich bietet sich eine Neuplatzierung für eine Durchsicht und Reduktion des Bestandes an. Ein kleiner aktueller, entsprechend präsentierter Bestand ist für die Nutzer übersichtlicher und attraktiver als ein großer veralteter, was sich auch an den Entleihungen zeigt.

Die nachstehende Abbildung 2 zeigt einen Überblick über die wichtigsten Kriterien, nach denen Platzierungsgruppen gebildet werden können. Es wird zwischen medien- und kundenbezogenen Gruppierungen unterschieden.

Dabei kann eine Zuordnung zu den Kriterien nicht immer eindeutig stattfinden, Medien gehören auf verschiedenen Ebenen mehreren Gruppen an. In der Regel besteht aber ein Gliederungskriterium, das die erste Gliederungsebene und den Gruppierungsschwerpunkt bestimmt.[15]

Die Kriterien für die Platzierungsgruppen sind unabhängig von deren Größe, deren Standort, deren Bezeichnung usw. und zunächst der Platzierungsdauer zu betrachten.

Digitale Klassifikationsgruppen können zudem angeboten werden. Sie können als Ergänzung zu der Platzierung in der Bibliothek stattfinden oder nur als digitale Gruppierung. Kundenfreundlich ist, die Gruppierung über den elektronischen Katalog anzubieten. Der Kunde kann dadurch alle Titel überblicken und erfahren, ob das Medium verfügbar ist, er es vormerken kann usw. Der digitale Zugriff erlaubt dem Kunden zudem die Gruppierung nach verschiedenen Kriterien, wie beispielsweise bei der World Digital Library, wo das Angebot nach Ort, Zeit, Thema, Medium und Institution gruppiert werden kann. Bei entsprechender Zuordnung der Medien kann sich der Kunde Gruppen auch nach seinen eigenen Kriterien zusammenstellen. Digitale Gruppierungen werden in Zukunft an Bedeutung gewinnen. Sie werden im Folgenden ergänzend erwähnt.

---

[15] Eine Zusammenstellung von Internetseiten, auf denen Bibliotheken und eine Fachstelle Medienlisten zu verschiedenen Themen zusammengestellt haben, findet sich in Anlage 2.

Abbildung 2:   Platzierungskriterien

Platzierungs-kriterium		
Medien-merkmale	Aktuelles Zeitgeschehen	Ereignisse, Gedenktage, …
	Empfehlungen	Mitarbeiter-, Kundenempfehlungen, …
	Entgelt	Benutzungsgebühr, Ausleihentgelt, …
	Entleihbarkeit	Präsenzbestand, Ausleihbestand, …
	Entleihungen/ Absatz	Topentleiher, Nichtentleiher, Bestseller, …
	Klassifizierung	klassifizierte Medien, nichtklassifizierte Medien
	Kontinente/Länder	Afrika, Amerika, Antarktika, Asien, Australien, Europa (Deutschland, England, Frankreich, …), …
	Literatur	Gedenktage Literaten, Themen Buchmessen, …
	Lokales/Regionales	Feste, Veranstaltungen, …
	Markierung	Urheber (Autor, Komponist, …), Herausgeber, Verleger, …
	Medienart/ Mediengattung	Buch: Fachbuch, Sachbuch, Belletristik, … CD: Sach-CD, Musik-CD, … DVD: Sach-DVD, Spielfilm-DVD, … …
	Medieninhalt	Wissensbereich, „Interessenkreis", …
	Medienträger	Print: Buch (Hard-, Paperback), Broschüre, Zeitschrift, Zeitung, Karte, Noten, … Non-Print: CD, DVD, BD, …
	Neuheit/Medien-aktualität	Bekanntheit, Medienalter, Erwerbung, …
	Nutzungsdauer	Ferien, Semester, …
	Saisonalität	Feiertage, Jahreszeiten, …
	Sprache	Deutsch, Englisch, Französisch, …
Kunden-merkmale	Alter	Altersgruppe, Altersfreigabe
	Lebenszyklus	„jung und alleinstehend", „junge Paare", „Familie mit Kindern", „ältere Paare", …
	Kundeninteressen	Schule, Beruf, Studium, …
	Verbundnutzung/ -ausleihe	Bedarfsverbund, Ausleihverbund, Verwendungsverbund

Die Platzierung nach den Medienmerkmalen bezieht sich auf das Medium.

Aktualität stellt ein grundsätzlich wichtiges Platzierungskriterium dar und kann meist in Zusammenhang mit anderen Kriterien wie Medieninhalt, Literarisches, Regionales und Saisonalität gesehen werden. Eine thematische Platzierung, egal welcher Art, ist interessant(er), wenn sie zum richtigen Zeitpunkt präsentiert wird, d.h. wenn das Thema aktuell ist. Dies kann gegebenenfalls eine gewisse Vorlaufzeit beinhalten, wie bei der Weihnachtsliteratur, die bereits im November präsentiert wird. Im Vordergrund bei einer Gruppierung nach den Kriterium Aktuelles Zeitgeschehen steht aber der Zeitbezug, d.h. aktuelle Ereignisse und Themen können als Platzierungskriterium aufgegriffen werden, und die inhaltlichen oder sonstigen Zuordnungen sind untergeordnet. Aktuelle Ereignisse können auch für kurze Zeit alte Bestände aktivieren. Auf sie muss unter Umständen sehr kurzfristig reagiert werden.

> Die Stadtbibliothek Buxtehude gruppiert auf einem Tisch Medien zu dem Thema „im Gespräch".

> Zur Bekanntgabe des Literaturnobelpreises 2009 gestaltete die Stadtbibliothek Köln in der Zentralbibliothek kurzfristig eine Befristete Platzierung. Die Medien waren entsprechend der Nachfrage nach kurzer Zeit entliehen.

> Einen Gedenktagekalender gibt es von der Landesfachstelle für das Öffentliche Bibliothekswesen Bayern. Auf der Internetseite werden zu Personen und Ereignissen kurze Informationen und gegebenenfalls Links zu weiterführenden Informationen bereitgestellt.

Empfehlungen von Medientiteln sind oft Grund für ihre Auswahl, d.h. für Anschaffung und Ausleihe. Titel können empfohlen werden durch Beiträge in den Medien, wie Zeitschriften, Zeitungen und Rundfunk einschließlich Literatursendungen, sowie können Mitarbeiter und Kunden der Bibliothek ihre individuellen Empfehlungen geben. In Buchhandlungen sind oft handschriftlich ausgeführte Empfehlungen der Mitarbeiter zu Büchern an dem obersten Exemplar eines Stapels Bücher befestigt. Die Platzierungsmöglichkeit von durch Mitarbeiter und/oder Kunden der Bibliothek empfohlene Medien mit einer handschriftlichen Kritik bietet sich ebenso an. Vorschläge von Kunden für Anschaffungen sind in diesem Sinne ebenfalls Empfehlungen. Eine Zusammenstellung der nur von den Kunden vorgeschlagenen und durch die Bibliothek angeschafften Titel zeigt die Kundenorientierung der Bibliothek und bietet unter Umständen interessante Titel durch die Marktnähe der Kunden.

> Die Stadtbibliothek Siegburg platziert die Gruppe „Wunschbuch", d. h. die auf Wunsch der Kunden angeschafften Medien getrennt, wobei jedes Buch befristet für einen bestimmten Zeitraum der Neuheit platziert ist.

Viele Öffentliche Bibliotheken erheben Entgelte für die Nutzung, z. B. in Form von Jahresbeiträgen und der Entrichtung von Entgelten für die Ausleihe bestimmter Mediengruppen wie Musik- und Hörbuch-CDs, Film-DVDs und Bestseller. Der Bestand könnte getrennt nach „Entgelt freien" und „Entgelt zu entrichtenden" Medien gruppiert werden.

> Die Stadtbücherei Frechen differenziert zwei Entgelte für die Bibliotheksnutzung: die Jahresgebühr Standard und die höhere Jahresgebühr Premium, die die Entleihung von Musik-CDs und Film-DVDs einschließt. Der „Premium-Bereich" ist entsprechend eigenständig platziert und gekennzeichnet. (Siehe Foto 1.)

Nicht alle Medien sind entleihbar. In Öffentlichen Bibliotheken betrifft dies insbesondere den Freihand-Präsenzbestand, die Tageszeitungen und die Zeitschriften, dabei meistens nur die aktuellen Zeitschriftenhefte. Andere Gründe für die Nichtentleihbarkeit können der historische Wert des Mediums sein oder sein Träger, der die Benutzung des Mediums nur in der Bibliothek durch spezielle Geräte ermöglicht. Befristete Medienplatzierungen sind als Präsenzplatzierung bzw. Ausstellung nicht zu entleihen, d. h. erst im Anschluss daran. Präsenzbestand und Ausleihbestand können Platzierungsgruppen bilden.

> In der Zentral- und Landesbibliothek Berlin gibt es im Haus Berliner Stadtbibliothek Literatur zu den Themen „Berlin" und „Brandenburg", die im Zentrum für Berlin-Studien als Präsenzbestand und in der 2. Etage als Ausleihbestand angeboten wird.

In der Zentralbibliothek der Münchener Stadtbibliothek steht der Präsenz-bestand mit insbesondere den Nachschlagewerken und Werkausgaben von Autoren im Lesesaal.

Die in Bibliotheken am häufigsten umgesetzten Medien, Topentleiher und Ausleihrenner genannt, könnten auch in Platzierungen umgesetzt werden, wobei ein entsprechender Bestand vorhanden sein muss. Als Gegensatz zu dieser Gruppe können die Medien, die selten oder nie umgesetzt wur-den, eine Platzierungsgruppe bilden, durch die die Medien eher Aufmerk-samkeit erhalten. Die Gruppe Bestseller wird in vielen Öffentlichen Biblio-theken umgesetzt. Die Bestseller der *Belletristik* sind die am weitesten ver-breitete Gruppierung, gegebenenfalls werden auch Bestseller der Sachbü-cher, CDs, DVDs usw. getrennt platziert. Zumeist orientieren sich die Bi-bliotheken an den Spiegel-Bestsellerlisten.

Die Gemeindebibliothek Grafenrheinfeld und die Marktbücherei Bad Ab-bach bieten über den OPAC die Möglichkeit, sich die am häufigsten ent-liehenen Medien der jeweiligen Mediengruppe anzeigen zu lassen. In der erstgenannten Bibliothek werden die „Top 20" der Medien, in der zweiten wird die „Topliste", die als Rangliste aller Medien fungiert, angezeigt.

In der Stadtbibliothek Röthenbach a. d. Pegnitz wurde im März und April 2010 eine Befristete Platzierung mit Büchern ausgeführt, die noch nie ent-liehen worden waren. Damit wurde auf mehrere hundert Bücher aus dem Bereich *Belletristik*, die ausgesondert werden sollten, aufmerksam gemacht und die Möglichkeit erhöht, dass diese zumindest einmal von einem „Erst-leser" gelesen würden. Die Medien waren sofort zu entleihen. Im Ergebnis fanden ungefähr 30 % der präsentierten Bücher Interesse und wurden ent-liehen. Im Anschluss an die Platzierung blieben die Medien, die entliehen worden waren, und ein Teil der nicht entliehenen Medien im Bestand.

In der Zentralbibliothek der Stadtbibliothek Wolfsburg stehen die Best-seller (*Belletristik*, Sachbücher, DVDs) an einem Standort. Sie werden ge-staffelt mit bis zu drei Exemplaren angeschafft. (Siehe Foto 2.)

Die Münchener Stadtbibliothek bietet den Kunden die Spiegel-Bestseller der *Belletristik* sowie die Bestseller von Kinofilmen und Hörbüchern in der

Zentralbibliothek und den Stadtteilbibliotheken an. In der Zentralbibliothek gibt es zudem englischsprachige Romane als Bestseller im Angebot.

Eine weitere Unterscheidung kann durch die Klassifikation der Medien bestehen. Medien können klassifiziert oder unklassifiziert platziert werden. Teilweise existieren verschiedene Klassifikationssysteme in einer Bibliothek nebeneinander. Auch bilden Bibliotheken individuelle Klassifikationsbereiche. Unter Umständen werden die Medien anderer Medienträger anders erschlossen. Ein Projekt zu Hörbüchern in Öffentlichen Bibliotheken von Umlauf im Jahr 2009 mittels einer Online-Befragung zeigte, dass die Erschließung von Hörbüchern bei fast der Hälfte der Bibliotheken nach der Systematik erfolgt, nach der ebenfalls die gedruckten Bücher erschlossen werden. Zudem wird insbesondere nach Interessenkreisen erschlossen und nach einer eigenen Hörbuch-Systematik, oder es besteht keine Erschließung nach Systematik. Bei der Aufstellung der Hörbücher für Erwachsene zeigte sich, dass über 60 % der Bibliotheken diese gemeinsam platziert, ungefähr 30 % stellen die Hörbücher der *Belletristik* gemeinsam auf und die Hörbücher der Sachgebiete den Wissensbereichen zu. Der Rest der befragten Bibliotheken stellt noch anders auf.

In der Stadtbücherei Frechen ist der Bereich *Geographie* nicht nach der ansonsten in der Bibliothek verwendeten Systematik ASB aufgestellt. Die Medien sind auf der ersten Gliederungsebene alphabetisch nach den Länderkennzeichen eingestellt. Da keine Gruppierung nach Kontinenten erfolgt, sind zusätzlich die Bücher über die Kontinente, Bücher, die mehrere Länder des Kontinents umfassen, sowie Bücher mit Themen zu dem Kontinent auf gleicher Gliederungsebene dort aufgestellt. Das heißt, auf der ersten Gliederungsebene stehen sowohl die Länder als auch die Kontinente. Beispielsweise sind Österreich, Afrika, Amerika und Asien sowie Australien, Belgien, Brasilien und Myanmar in der genannten Reihenfolge auf zwei Regalbrettern platziert. (Siehe Foto 3.) Auf der zweiten Gliederungsebene sind die Bücher unter anderem nach Format und Verlag geordnet, so dass innerhalb eines Landes Regionen oder Städte nicht zusammenhängend aufgestellt sind. (Siehe Foto 4.) Wegen der nicht eindeutigen Zuordnungsmöglichkeit werden z.B. Bücher über mehrere Länder nicht mehr angeschafft. Eine Aufstellung nach den Kognitiven Strukturen, wie auf der ersten Ebene nach

Kontinenten und innerhalb der Länder nach Regionen und Orten, erleichtert eine strukturierte Suche.

In der Zentral- und Landesbibliothek Berlin sind die Sachfilme thematisch gemäß den Wissensbereichen klassifiziert und platziert.

In der Stadtbibliothek Siegburg werden Paperback-Taschenbücher aus Stiftungen ohne Notation in Drehständern platziert.

Medien können nach Kontinenten/Ländern aufgestellt sein. Mögliche Untergruppen sind Geographie, Geschichte, Kultur, Kunst, Küche, Literatur, Reise und Sprache des jeweiligen Landes.

Die Stadtbibliothek Essen hat eine Französische Bibliothek eingerichtet. Diese bietet an einem eigenen Standort bei dem Deutsch-Französischen Kulturzentrum rund 17.500 Medien zu Frankreich bzw. zur Frankophonie in französischer Sprache an. Es findet dabei eine Kombination der Kriterien Land und Sprache statt. Die Beschriftung erfolgt in Französisch.

Als Befristete Platzierung wurde das Land Frankreich in dem Seminar „Befristete Platzierung und Dekoration" im Oktober 2009 in der Stadtbücherei Wesseling durch die Teilnehmer umgesetzt. (Siehe dazu in Kapitel 2.2.4 Foto 58.)

Der Manesse Verlag hat die lieferbaren Bücher online nach Sprachräumen gegliedert.

Das Kriterium Literatur kann weit gefasst Themen und Veranstaltungen rund um das Buch und Bibliotheken umfassen. Gedenktage von Autoren und ihren Werken, Literaturpreise, die Themen der Buchmessen, der „Welttag des Buches", „Treffpunkt Bibliothek", „Nacht der Bibliotheken" usw. können umgesetzt werden bzw. diese Tage genutzt werden, auch Befristete Platzierungen zu präsentieren.

Der 250-jährige Geburtstag von Friedrich von Schiller wurde als Befristete Platzierung in dem Seminar „Befristete Platzierung und Dekoration" im Oktober 2009 in der Stadtbücherei Wesseling durch die Teilnehmer in Szene gesetzt. (Siehe dazu Foto 57 in Kapitel 2.2.4.)

Die Stadtbibliothek Darmstadt präsentiert in der Romanabteilung der Hauptstelle monatlich wechselnde Medienplatzierungen mit durchschnittlich 10 bis 15 Medien zu runden Gedenktagen von Literaten.

Platzierungen zu dem Kriterium Lokales/Regionales beinhalten Medien zu regionalen Themen wie regionale Geschichte, Wirtschaft, Literatur usw. sowie lokale Feste und Veranstaltungen, wie den Besuch von Partnerstädten und Veranstaltungen von Schulen und Hochschulen vor Ort. Die Gruppe Regionalliteratur wird häufig auch als Dauerplatzierung umgesetzt, siehe unten.

Im Juni und Juli 2010 fanden in der Stadtbibliothek Herten zwei Medienplatzierungen im Rahmen der Kulturhauptstadt Europas 2010 statt. Zum einen gab es eine Verlagsausstellung des Verlages Henselowsy Boschmann mit Büchern zum Ruhrgebiet, zum anderen gab es die Literaturplatzierung „Glück auf! Romane, Geschichten und Lustiges rund um das Ruhrgebiet". Eine Medienliste für die Platzierung und ein Verlagsverzeichnis für die Ausstellung standen zur Verfügung.

Die Hochschul- und Kreisbibliothek Bonn-Rhein-Sieg zeigte im März 2010 an dem Bibliotheksstandort Rheinbach eine Platzierung mit Medien zu dem Thema „Werthaltungen angehender Führungskräfte", die das gleichnamige Symposium der Hochschule aufgriff.

In der Stadtbücherei Heidelberg gab es im März und April 2010 zu dem Musikfestival „Heidelberger Frühling" eine Medienplatzierung mit 150 Medien (Büchern, Musik-CDs und Film-DVDs), wovon ungefähr 10 Medien neu angeschafft wurden. Die Medien konnten sofort entliehen werden und die Resonanz der Kunden war so gut, dass meist 80 % dieser Medien entliehen waren. Die Präsentation fand ebenso in den Jahren davor für die Dauer der Veranstaltung statt.

Auch zu anderen kulturellen Veranstaltungen in Heidelberg werden von der Stadtbücherei Medienplatzierungen umgesetzt, wie zu den „Heidelberger Literaturtage[n]", zu der Verleihung der Literaturpreise „Clemens Brentano Preis" und „Hilde-Domin-Preis für Literatur im Exil", dem Musikfestival „Enjoy Jazz" und dem Beginn der Theatersaison.

Die Stadtbibliothek Darmstadt zeigte im Juli 2010 in der Hauptstelle eine Medienplatzierung zu den 15 Partnerstädten von Darmstadt mit Bezug zum Heinerfest und den dort präsenten Anbietern aus den Partnerstädten. Insgesamt wurden ungefähr 100 Medien präsentiert, ein Teil dieser Medien sind Geschenke der Partnerstädte und in Originalsprache.

Die Fachbibliothek Stadt & Region der Stadtbibliothek Essen bietet im Haus der Essener Geschichte ein Medienangebot zu der Stadt Essen und dem Ruhrgebiet an.

Im Rahmen der Neuplatzierung in der Stadtbibliothek Schleiden im Jahr 2009 wurde die Gruppe *Regionalliteratur Eifel* gebildet. Sie enthält zu der bis dahin ausschließlich geschichtlich besetzten ASB-Gruppe *Heimatkunde* die auf die Region bezogenen Medien zu Bereichen wie *Geographie*, *Hauswirtschaft* und *Belletristik*. Die Gruppe bekam einen eigenen Standort im Eingangsraum der Bibliothek, in dem sonst nur die *Zeitschriften und Zeitungen* platziert sind, während der weitere Bestand in einem zweiten Raum platziert ist. (Siehe <u>Foto 5</u>.)

Außerdem kann nach der Markierung gruppiert werden. Dazu zählen der Urheber wie Autor oder Komponist, der Herausgeber und der Verlag. In Öffentlichen Bibliotheken ist die übliche Aufstellung der *Belletristik* die alphabetische nach Autor. Auch innerhalb der Sachgruppen wird, meist auf der untersten Ebene, alphabetisch sortiert. Eine in Bibliotheken selten praktizierte Gruppierung, allerdings zunehmend als Befristete Platzierung, ist die nach Verleger. Die Informations- und Stimulierungswirkung von Marken für den Kunden sollte auch in Bibliotheken nicht völlig unberücksichtigt bleiben.

Die Städtischen Bibliotheken Dresden präsentieren seit 1992 Verlagsausstellungen. Bis Ende des Jahres 2010 sind 145 Ausstellungen von den Verlagen umgesetzt worden. Die Verlage, die ihre Medien in den Schaufenstern der Bibliotheken für sechs bis acht Wochen ausstellen können und dafür die Medien den Städtischen Bibliotheken schenken, werden gezielt angesprochen. In der Haupt- und Musikbibliothek sowie fünf Stadtteilbibliotheken stehen dafür insgesamt bis zu sechs Schaufenster zur Verfügung. Ein Gestalter präsentiert die Medien. Auf der Internetseite ist unter dem

Link „Veranstaltungen" die aktuelle Verlagsausstellung mit Informationen zu der Dauer und zu dem Verlag angezeigt. Mit dem Prospekt „Verlagsrepräsentationen in der Kulturhauptstadt Sachsens" informieren die Städtischen Bibliotheken Dresden über diese Möglichkeit für Verlage, in den Schaufenstern der Bibliotheken ihre Medien auszustellen.

Im April und Mai 2010 fand in der Haupt- und Musikbibliothek, der Bibliothek Gorbitz und der Bibliothek Südvorstadt der Städtischen Bibliotheken Dresden eine Medienausstellung des Reise Know-How Verlages statt. Insgesamt wurden über 220 Medien (Reiseführer, Sachbücher, Landkarten, ...) präsentiert, die die Kunden im Anschluss an die Ausstellungen entleihen konnten. (Siehe Foto 6.)

In der Stadtbibliothek Berlin-Mitte finden seit 1998 Verlagsausstellungen statt. Diese werden zentral organisiert. In der Regel schlagen die Lektoren entsprechende Verlage vor, die dann unter anderem von den zuständigen Mitarbeitern insbesondere auf den Buchmessen in Frankfurt a. M. und Leipzig angesprochen werden. Bei der Sponsoring-Aktion können die Verlage die Flächen in den Bibliotheken zur Ausstellung ihrer Medien nutzen. Als Gegenwert erhält die Bibliothek die ausgestellten Medien. Meist wird von den Bibliotheken ein konkreter Vorschlag gemacht, in welcher Bibliothek sich eine Präsentation anbieten würde. Dies hängt insbesondere von der Bevölkerungsstruktur und der Bestandsprofilierung der jeweiligen Bibliothek ab. Auch die Größe des Programms und die Menge der Medien, die der Verlag präsentieren möchte, bestimmen die Bibliotheksauswahl.

Die Anzahl der Verlagsausstellungen im Jahr ist in den einzelnen Bibliotheken unterschiedlich. In der Philipp-Schaeffer-Bibliothek und der Bibliothek am Luisenbad finden ungefähr sechs Ausstellungen im Jahr mit einer Dauer von ungefähr zwei Monaten statt.

In der Regel werden von den Verlagen zwei Exemplare eines Mediums zur Verfügung gestellt. Das erste Exemplar wird ausgestellt, kann vorgemerkt und im Anschluss an die Ausstellung entliehen werden, und das zweite Exemplar steht den Kunden zur sofortigen Entleihung bereit. Dieses Exemplar wird unterschiedlich platziert, z. B. bei dem systematischen Standort im Regal oder bei den Neuerwerbungen.

In der Stadtbibliothek Herten finden seit 2005 regelmäßige Verlagsausstellungen statt. Die Ausstellungen fanden ursprünglich für einen Monat und finden seit 2006 für die Dauer von zwei Monaten statt. Die Verlage werden von der Bibliothek angesprochen. Es werden durchschnittlich ungefähr 20 bis 50 Medien präsentiert. Die Medien können während der Ausstellung vorgemerkt und danach entliehen werden. Die Bücher im Rahmen der Verlagsausstellungen sind Sachspenden an die Stadtbibliothek.

Im Buchhandel sind insbesondere die Ausgaben des Manesse Verlages getrennt platziert.

Eine grundsätzliche Gliederungsmöglichkeit für Platzierungsgruppen ist die nach der Medienart bzw. -gattung. Buchgattungen der Sachliteratur sind Sachbuch, Fachbuch, Wissenschaftliches Buch, Lexikon, Sprachwörterbuch, Reiseführer usw. Gattungen der *Belletristik* sind Romane, Gedicht- und Dramenbände und Anthologien. Ebenso können CDs in CD-Audio Sachprogramme, CD-Rom Fakten, CD-Audio Belletristik, CD-Audio Musik, CD-Rom Spiele usw. unterschieden werden. Diese Aufteilung lässt sich entsprechend auf alle weiteren Medienträger übertragen.

Der Medieninhalt der Fach- und Sachliteratur kann nach Wissensbereichen gruppiert werden. Beispiele für Wissensbereiche sind *Literatur*, *Mathematik* und *Naturwissenschaften*. Bereiche/Themen einer Gruppe können Schwerpunkte bilden. Die Bereiche *Musik* und *Regionalliteratur*, siehe oben, sind oft ein in Öffentlichen Bibliotheken besonders ausgebauter Bereich mit eigenem Platzierungsort. Der Inhalt der *Belletristik* kann beispielsweise durch die Handlung, die Handlungzeit oder den Handlungsort erschlossen werden. In Öffentlichen Bibliotheken wird, da keine klassifikatorische Erschließung besteht, versucht, die *Schöne Literatur* durch Interessengruppen einzuordnen. Interessenkreise der *Belletristik* sind z.B. *Krimi* und *Science Fiction*, wobei dies auch Genres darstellen. Zu berücksichtigende Elemente bei einer möglichen Aufstellung nach Interessenkreisen sind die Größe des Bestandes, die Zielgruppe, die Anzahl der Interessenkreise usw. Bei einer Aufstellung der Romane in eine alphabetische Aufstellung und eine in Interessenkreise wird die Struktur erschwert, wenn die Anzahl der Interessenkreise zu groß wird.

Eine Musikbibliothek als Fachabteilung der Zentralbibliothek haben z. B. die Stadtbibliothek Essen mit ungefähr 50.000 Medien und die Münchener Stadtbibliothek mit ungefähr 235.000 Medien.

In der Haupt- und Musikbibliothek der Städtischen Bibliotheken Dresden gibt es mit einem Bestand von ungefähr 20.000 Medien (Reiseführer, Bildbände, Karten, DVDs, ...) eine Reisebibliothek, die 2002 ursprünglich als eigenständige Themenbibliothek eingerichtet worden war.

Die Philatelistische Bibliothek der Münchener Stadtbibliothek ist eine Fachbibliothek für Philatelie und Postgeschichte mit einem Bestand von über 50.000 Medien in 43 Sprachen.

In der Stadtbibliothek Cuxhaven gibt es seit 2005 den Bereich „Wellness". Die ungefähr 900 Medien (Bücher, CDs und DVDs) zu Themen wie Entspannung, gesunde Ernährung, Fitness, Glücklich sein und Wohnen sind aus den Sachgruppen der Bereiche *Philosophie*, *Psychologie*, *Medizin*, *Sport* und *Hauswirtschaft* entnommen.

Die Stadtbibliothek Reutlingen stellte bei der Neuplatzierung des Bereiches *Belletristik* in der Hauptbibliothek im Juni 2006 die *Romane* zu einem Teil alphabetisch nach Autoren und zu einem Teil nach Interessenkreisen auf. Thematisch wurden dabei die drei Bereiche *Spannung/Krimi*, *Historisches* und *Unterhaltung* geschaffen, die jeweils in eine Vielzahl von Interessenkreisen unterteilt waren. Beispielsweise umfasste der erstgenannte Bereich 14 Interessenkreise. Die Resonanz der Kunden auf die umgesetzte Interessenkreisaufstellung war überwiegend ablehnend. Insbesondere Leser zwischen 25 und 50 Jahren, viele davon Männer, äußerten sich diesbezüglich. Aufgrund der Ablehnung wurde ein Teil der veränderten Aufstellung wieder rückgängig gemacht. Im März 2007 wurde der Bereich *Unterhaltung* aufgelöst und die Bücher wieder in die alphabetische Aufstellung der *Romane* zurücksortiert. Der Bereich *Historisches* wurde um einige Interessenkreise reduziert, die Bücher der aufgelösten Interessenkreise wurden ebenfalls in die alphabetische Aufstellung der *Romane* gestellt. Die restlichen Interessenkreise des Bereiches *Historisches* wurden wie die des Bereiches *Spannung/Krimi* innerhalb dieser Gruppe aufgelöst und als jeweils ein Interessenkreis alphabetisch nach den Autoren aufgestellt. Im Oktober 2007 wurde ein Interessenbereich *Schmöker* geschaffen, der ebenfalls in dieser Gruppe wieder alphabetisch aufgestellt ist. Die Erfahrung der Stadtbibliothek Reutlingen mit der überwiegenden alphabetischen Aufstellung der *Romane* nach den Autoren und den nur drei Interessenkreisen ist sehr gut.

In der Stadtbibliothek Bremen gibt es seit 1999 die erste deutsche Krimibibliothek. Der Bestand ausschließlich deutschsprachiger Titel umfasst zurzeit ungefähr 4.500 Medien. Die Krimibibliothek wurde 2009 als ein Gewinner von „365 Orte im Land der Ideen" ausgezeichnet.[16]

Die Bruno-Lösche-Bibliothek der Stadtbibliothek Berlin-Mitte bietet im Krimisalon über 4.000 Krimis an. Das Angebot umfasst Medien klassischer, populärer und nicht so bekannter Autoren mit Büchern, Hörbüchern, Filmen sowie Spielen in Print und Non-Print-Form. Im März und April 2010 gab es eine Medienpräsentation des Krimiprogramms des Haymon Verlags in der Bibliothek.

Die Stadtbibliothek Cuxhaven hat seit 2006 den Bereich „Klassiker" getrennt aufgestellt. Die Gruppe umfasst mit ungefähr 1.700 Medien die Klassiker mit der Primärliteratur und der dazu gehörigen Sekundärliteratur. Die Zuordnung der modernen Klassiker zu der Gruppe erfolgt bei Erscheinen der Sekundärliteratur.

Medien können verschiedene Träger besitzen.[17] Eine Möglichkeit ist, die Medienträger in den Print- und Non-Print-Bereich zu unterscheiden.[18] Zum Print-Bereich gehören Bücher, Broschüren, Zeitschriften, Zeitungen usw.[19] Eine weitere Untergliederung der Bücher ist nach dem Einband in Hardback und Paperback. In Öffentlichen Bibliotheken sind bei den *Romanen* Paperbacks in Form von Taschenbüchern oft getrennt, meist in Dreh-

---

[16] Ein Projekt der Initiative „Deutschland - Land der Ideen" ist „365 Orte im Land der Ideen", die bei einem bundesweiten Wettbewerb gewählt werden.

[17] Vergleiche auch den Warengruppenindex im Buchhandel, der die Ware nach der Publikationsform kennzeichnet.

[18] Gantert/Hacker und Umstätter/Wagner-Döbler unterscheiden Bücher und Nicht-Buch-Materialien.

[19] Es gibt zum Teil keine sprachliche Unterscheidung der Begriffe für das Medium und den Medienträger.

ständern, platziert.[20] Da entgegen dieser gewählten Aufstellung Buchreihen in Hardback bei Medienersatz meist in Paperback nachgekauft werden und diese dann zwischen den Hardback-Ausgaben in der alphabetischen Aufstellung im Regal platziert werden, existiert für den Kunden kein eindeutiges Platzierungskriterium mehr. Die Zeitschriften und Zeitungen werden oft als getrennte Platzierung in verschiedenen Varianten umgesetzt, auch die Aktualität der Ausgabe findet dabei Berücksichtigung. Non-Print-Medienträger sind z.B. CD-Audios, CD-Roms, DVDs, BDs und e-books. Die getrennte Platzierung nach Medienträgern bedeutet vor allem technisch einfache Handhabung. Die in Öffentlichen Bibliotheken umgesetzte Platzierung von Hörbüchern zeigt die oben genannte Befragung von Umlauf.

> In der Stadtbücherei Pulheim werden die Zeitschriften und Zeitungen an einem Standort in einem Zeitschriften- und Zeitungsschrank dargeboten. (Siehe Foto 7.)

> In der Stadtbücherei Frechen sind die Zeitschriften und Zeitungen an einem Standort in getrennten Bestandsträgern platziert. (Siehe Foto 8.)

> In der Hauptstelle der Stadtbibliothek Reutlingen werden die Zeitschriften und Zeitungen an zwei verschiedenen Standorten angeboten. (Siehe Foto 9 und Foto 10.)

> In der Zweigstelle Rommelsbach der Stadtbibliothek Reutlingen sind an einem Standort die aktuellen Zeitschriften und Zeitungen und einem anderem Standort die älteren Ausgaben präsentiert. (Siehe Foto 11 und Foto 12.)

> In der Stadtbücherei Frechen umfasste die alphabetische Aufstellung der *Romane* ursprünglich den Hardbackbestand, der nun um Paperbacks ergänzt ist. Getrennt in Drehständern sind die Paperbacks der unsortierten *Romane* und der Interessenkreise *Fantasy*, *Krimi* und *Science Fiction* aufgestellt. Da die alphabetische Aufstellung der Romane sowohl Hardbacks als

---

[20] Pohl/Umlauf stellen im Rahmen der Buchplatzierung in Buchhandlungen in Frage, ob eine getrennte Aufstellung der Taschenbücher von Hard- und Softcover empfehlenswert ist. Bei der Sachliteratur befürworten sie die gemeinsame Platzierung nach Themen, bei der *Belletristik* nach Autoren.

auch Paperbacks und die Interessenkreise in beiden Ausführungen umfasst, erfolgt keine eindeutige Aufstellung. (Siehe Foto 13 und Foto 14.)

Im April bis Juni 2010 fand in der Philipp-Schaeffer-Bibliothek der Stadtbibliothek Berlin-Mitte die Platzierung „HörGut Berlin-Mitte" von aktuellen Hörbüchern statt. Diese Hörbücher-Platzierung findet seit neun Jahren in der Bibliothek, immer drei bis vier Wochen nach der Leipziger Buchmesse, statt. In diesem Jahr wurden über 1.000 Titel mit je zwei Exemplaren von 99 Verlagen präsentiert. Die Ausstellung des ersten Exemplars der Hörbücher findet im 1. Obergeschoss der Bibliothek statt. Diese Medien sind vormerkbar und im Anschuss an die Ausstellung zu entleihen. Das zweite Exemplar der Hörbücher ist im Erdgeschoss auf einem Tisch im Eingangsbereich präsentiert und mit dem Beginn der Platzierung zu entleihen. Dabei werden aus Platzgründen am ersten Tag nicht sofort alle Medien präsentiert, sondern in den ersten Tagen nachgelegt. Nach der Hörbuch-Platzierung bleibt in der Regel das zweite Exemplar in der Philipp-Schaeffer-Bibliothek und das erste Exemplar wird an eine der anderen Bibliotheken der Stadtbibliothek Berlin-Mitte verteilt.

Von Mai bis September 2010 zeigte die e-LernBar im Haus Berliner Stadtbibliothek der Zentral- und Landesbibliothek Berlin die Ausstellung „20 Jahre Game Boy". Die 120 Spiele konnten zu bestimmten Zeiten vor Ort in den entsprechenden Geräten gespielt werden.

Medien können nach ihrer Neuheit und Aktualität gruppiert werden. Dazu zählen die Bekanntheit des Medienträgers, das Medienalter, der Erwerbungs- und der Medienrückgabezeitpunkt. Bücher sind ein bekanntes Medium. BDs, DVDs oder e-books sind bzw. waren Produktinnovationen und in Öffentlichen Bibliotheken neu eingeführte Produkte. Auf sie muss der Kunde unter Umständen aufmerksam gemacht werden. Neue Medien besitzen eine besondere Attraktivität. Auf sie möchte der Kunde aufmerksam gemacht werden. Eine getrennte Gruppierung des alten Bestands und der Neuerwerbungen wird in Bibliotheken oft praktiziert. Neuanschaffungen werden beispielsweise bereichsübergreifend im Eingangsbereich platziert oder die Platzierung erfolgt bereichsspezifisch. Allerdings beinhalten die als Neuanschaffungen zusammengestellten Medien oft auch Titel älteren Erwerbungsdatums, was für den Kunden irreführend ist. Eindeutig ist ein fester Platzierungszeitrahmen der Neuerwerbungen. Kunden interessieren sich auch für die gerade zurückgekommenen Medien.

Oft bieten Bibliotheken auf ihrer Internetseite Medienlisten mit den Neuerwerbungen an. Dies erfolgt entweder als Aufzählung auf der Seite, als pdf-Dokument oder durch den kundenfreundlichen, angesprochenen Zugriff auf den Katalog. Differenziert werden die Listen in der Regel nach den Bereichen, wie *Belletristik*, Sachbücher, Hörbücher und DVDs sowie nach dem Anschaffungszeitpunkt/-raum. Zurzeit informieren Bibliotheken ihre Kunden über den Link „Aktuelles" über das Angebot von BDs, das ebenso als Medienlisten angezeigt wird.

> In der Stadtbibliothek Siegburg sind die aktuellen Ausgaben der Zeitschriften und Zeitungen im Café der Bibliothek und die älteren Ausgaben im Zeitschriften-/Zeitungslesebereich in der Bibliothek platziert.

> In der Stadtbücherei Pulheim werden die Neuerwerbungen bereichsübergreifend im Eingangsbereich platziert sowie bereichsspezifisch. (Siehe in Kapitel 2.2.2 Foto 36 und Foto 37.)

> Die Stadtbibliothek Cuxhaven stellt die Neuerwerbungen für eine Woche auf einem Regal im Eingangsbereich aus. Ebenso werden diese wöchentlich auf der Internetseite der Bibliothek unter dem Link „Aktuelles" aufgezeigt. Die Medien können in dieser Zeit vorgemerkt werden.

> Die Gemeindebibliothek Grafenrheinfeld und die Marktbücherei Bad Abbach bieten auf ihrer Internetseite im Katalog an, die „Neuerwerbungen" sortiert nach den Bereichen, wie *Belletristik* bzw. *Schöne Literatur*, Sachbücher, Hörbücher, DVDs sowie Zeitschriften bis zu den letzten sechs Monaten einzusehen.

> In der Stadtbibliothek Darmstadt werden die an einem Ausleihtag zurückgegebenen, grob vorsortierten Medien für diesen Tag in 12 Regalen bei der Verbuchungstheke platziert und können direkt wieder entliehen werden. Die Medien, die nicht an diesem Tag entliehen werden, werden am nächsten Morgen an die eigentlichen Regalstandorte zurückgestellt. Die Idee für

die Gruppe „Heute zurück - Sofort entleihbar" war ein Rationalisierungs-
effekt, verbunden mit mehr Service für die Kunden, denn bis dahin standen die zurück gebuchten Medien erst am folgenden Tag wieder zur Verfügung. Die Verfügbarkeit der Medien wurde so erhöht.

Medien besitzen in der Regel eine unterschiedliche Nutzungsdauer. Zu
unterscheiden ist die offizielle Ausleihdauer, die für Bücher z. B. vier Wochen, für CDs und Zeitschriften zwei Wochen und DVDs eine Woche
betragen kann, und die Nutzungsdauer des Kunden, z. B. ein Semester in
der Universität, ein Urlaub oder ein Festtag. Auch besitzen manche Medien eine Verlängerungsfähigkeit und andere nicht.[21]

> Die Thuner Stadtbibliothek (Schweiz) stellte im Juli und August 2010 wäh-
> rend der Sommerferien im Strandbad einen Schrank mit über 100 Büchern
> zur Sommerlektüre, wie Kurzgeschichten, Comics und Bilderbücher auf,
> die dort gut an einem Tag gelesen werden konnten.

Saisonale Medien sind z. B. die auf Feiertage oder Jahreszeiten bezogenen
Medien. Ihr Bedarf tritt periodisch auf. Bibliotheken mit einem Magazin
besitzen die Möglichkeit, saisonale Medien nur zur Saison in dem Bibliotheksraum zu platzieren. Saisonale Themen wie Ostern und Weihnachten
werden vereinzelt als Dauerplatzierung, in der Regel aber als Befristete
Platzierung angeboten.

> In der Zentralbibliothek der Gelsenkirchener Stadtbibliothek bilden die
> Medien zu dem Thema „Weihnachten" eine Dauerplatzierung.

> In der Stadtbibliothek Wolfsburg steht der komplette Bestand der Weih-
> nachtsliteratur im Magazin. Ab November wird dieser Bestand von unge-
> fähr 300 Medien im Eingangsbereich oder bei den Bastelbüchern bei dem
> Bereich *Freizeit* präsentiert.

---

[21] Die Stadtbücherei Frechen bot in den Sommerferien 2010 den Kunden an, das
Rückgabedatum der zu entleihenden Medien individuell festzulegen. Ebenso konn-
ten in der Hauptstelle der Stadtbibliothek Darmstadt die Medien im Rahmen der
Sommerferien 2010 mit einer Sonderfrist entliehen werden.

Beispiele zu dekorierten saisonalen Platzierungen zu Sommer in der Zentralbibliothek der Stadtbibliothek Hannover und zu Herbst in der Stadtbücherei Wesseling sind in Kapitel 2.2.4 und Kapitel 3.3.5 aufgezeigt. (Siehe <u>Foto 55</u>, <u>Foto 56</u> und <u>Foto 86</u>.)

Das Gruppierungskriterium Sprache wird in dem Maße für eine Bibliothek relevant, wie sie im Besitz fremdsprachiger Literatur ist. Dies ist bei Öffentlichen Bibliotheken insbesondere mit steigender Tendenz bei der *Belletristik* der Fall. In Zukunft wird unter Umständen auch der fremdsprachigen Sachliteratur in Öffentlichen Bibliotheken eine größere Bedeutung zukommen und damit dem Gliederungskriterium Sprache.[22]

> In der Oststadtbibliothek der Stadtbibliothek Hannover gibt es seit den 1970er Jahren ein zentrales Angebot von 11.000 fremdsprachigen Medien in zwölf Fremdsprachen sowie von Medien zum Erwerb der deutschen Sprache. Bei jeder Sprache sind die Medien in folgender Reihenfolge im Regal aufgestellt: Sprachlernmedien, Romane (alphabetisch), Sachmedien nach den Sachgruppen. Nicht-Buch-Medien werden bei der jeweiligen Sprache in Präsentationsmöbeln aufgestellt. *Fremdsprachige Zeitschriften und Zeitungen* bilden eine Platzierungsgruppe in der Internationalen Bibliothek. Im deutschsprachigen Teil der Bibliothek befindet sich die Gruppe *Sprache* mit Sprachen, zu denen die Bibliothek keine Medien in der Originalsprache anbietet, wie dänisch und niederländisch.

Im Folgenden wird auf die Platzierungskriterien nach Kundenmerkmalen eingegangen.

Medien dürfen unter Umständen nur an Kunden ab einer bestimmten Altersgrenze entliehen werden und könnten entsprechend getrennt aufgestellt werden. Die Platzierung nach dem Alter betrifft auch den interessenbezogenen Aspekt. So werden aus Interessensgründen in der Regel Kinder-, Jugend-, Erwachsenen- und gegebenenfalls Seniorenbereiche getrennt platziert.

---

[22] Vergleiche auch die Einrichtung des Webportals www.interkulturellebibliothek.de im September 2008.

Die Stadtbibliothek Herten hat Medien zum Thema „Älter werden" entsprechend gekennzeichnet. Zu der Einführung des Bereiches wurden die Medien dieser Gruppe getrennt platziert.

Weitere kundenbezogene Platzierungsmerkmale sind der Lebenszyklus und die Interessen des Kunden. Beim Lebenszykluskonzept wird das Leben des Kunden in verschiedene Abschnitte eingeteilt und diesen bestimmte Verbrauchsmuster zugeordnet. Beispiele für Lebenszyklen sind „jung und alleinstehend" und „Familie mit Kindern". Kundeninteressengruppen werden in Öffentlichen Bibliotheken insbesondere in der *Belletristik* gebildet. Themen sind beispielsweise Abenteuer, Reise und Familie. Interessengruppen der Sachliteratur sind z. B. Schule und Beruf. In Öffentlichen Bibliotheken werden seit einigen Jahren vermehrt Platzierungen zu den Bereichen Schüler, Beruf, Eltern und Senioren eingerichtet. Die Medien der Elternbibliothek sind oft in räumlicher Nähe zu der Kinderbibliothek platziert.

In der Stadtbibliothek Cuxhaven wurden eine Schülerbibliothek, der Bereich Ausbildung und Beruf und eine Elternbibliothek geschaffen, zudem ist die Einrichtung einer Seniorenbibliothek geplant.

Die Job-Karriere-Bibliothek Bochum wurde 2002 als eigenständige Themenbibliothek in der Zentralbücherei der Stadtbücherei Bochum eingerichtet. Sie umfasst 4.000 Medien zu Themen wie Arbeitsrecht, Studium, Weiterbildung, Bewerbung und Unternehmensgründung.

Die Bibliothek Waldmühle hat einen Familienbereich eingerichtet, der die Phasen und Generationen der Familien umfasst mit Bereichen wie Eltern werden, Freizeit und Lernen.

Die Stadtbibliothek Langenhagen hat 2006 zum Thema Hochbegabung eine Infothek gebildet. Der Bestand umfasst ungefähr 40 Medien.

Eine Platzierung nach Kundenmerkmalen bildet zudem die der Verbundnutzung bzw. -ausleihe. Unter Verbund wird die Beziehung, die zwischen Produkten besteht, verstanden. Man unterscheidet im Allgemeinen zwischen dem Bedarfsverbund, dem Nachfrage- bzw. Ausleihverbund und dem Verwendungsverbund. Der Bedarfsverbund bezeichnet die Art des Verbundes, die der Kunde vor dem Betreten der Bibliothek besitzt. Er drückt seinen Wunsch aus, zu einem bestimmten Zeitpunkt bestimmte Produkte zu nutzen oder auszuleihen. Dabei muss es nicht zur Ausleihe oder Verwendung kommen, da z. B. das gewünschte Medium nicht vorhanden ist oder die Budgetrestriktion dem Kunden nicht erlaubt, gebührenpflichtige Medien auszuleihen. Unter Ausleihverbund versteht man den Verbund, der durch eine gemeinsame Ausleihe zu einem Zeitpunkt entsteht. Der Verwendungsverbund bezeichnet die gemeinsame Nutzung von Medien. Diese kann nach der Ausleihe in der Regel zu Hause oder, wenn die Nutzung in der Bibliothek erfolgt, direkt am Ort stattfinden.

Zwischen der Ausleihe bzw. Nutzung von Medien können substitutive, komplementäre oder keine Beziehungen bestehen. Substitutive Beziehungen bestehen, wenn durch die vermehrte Nachfrage des Produktes A eine verminderte Nachfrage des Produktes B ausgelöst wird. Beispielsweise kann die verstärkte Ausleihe eines Nutzers von Hörbüchern seine Ausleihe an gedruckten Büchern zurückgehen lassen. Komplementäre Beziehungen bestehen, wenn die erhöhte Nachfrage nach dem Produkt A auch die Nachfrage nach dem Produkt B steigen lässt. Beispielsweise kann mit der Ausleihe von fremdsprachiger Literatur die Ausleihe von Wörterbüchern verbunden sein.

Während der Bedarfs- und Verwendungsverbund in der Regel nur durch Kundenbefragungen festgestellt werden können, kann der Ausleihverbund durch die Auswertung der Medienentleihungen ermittelt werden. Bibliotheken besitzen hierbei den Vorteil, personengebundene Auswertungen grundsätzlich durch die Kundenkarten vornehmen zu können.[23]

Die Bildung von Platzierungsgruppen erfolgt in der Regel durch die Kombination verschiedener Kriterien. Je nachdem, in welcher Reihenfolge sie gebildet werden, ergeben sich andere Platzierungsstrukturen.

---

[23] Fehlerquellen sind beim Scanning zu beachten, wenn auf eine Karte mehrere Personen ausleihen, doch ist dem z. B. durch kostenfreie Nutzung entgegenzuwirken. Die Ergebnisse von Verbundanalysen können u. a. gezielt für die Platzierung genutzt werden. Rechtliche Aspekte sind zu berücksichtigen.

Beispielsweise kann die Gruppierung der Sachliteratur auf der ersten Gliederungsebene nach den Medieninhalten erfolgen, d.h. nach *Geographie*, *Mathematik*, *Naturwissenschaften* usw. Auf den nächsten Gliederungsebenen können die Medien nach Medieninhalten oder nach der Mediumsart gruppiert werden. Für *Geographie* würde dies eine Gruppierung in Kontinente und Länder oder in Bücher, Karten, (Fach-)Zeitschriften, Filme usw. bedeuten, je nach Reihenfolge der Kriterien. Und schließlich können die Medien noch nach dem Medienträger und dem Autor platziert werden.

Eine Gliederungsmöglichkeit bei der *Belletristik* ist, auf der ersten Ebene nach dem Merkmal Medienträger zu gruppieren, auf der zweiten nach dem Medieninhalt und auf der dritten nach dem Urheber (Autor).

Es existiert somit eine Vielzahl von Gruppierungs- und Platzierungsmöglichkeiten. Grundsätzlich ist eine Platzierung nach den Kriterien zu bevorzugen, die den Strukturen der meisten Kunden entsprechen. Eine Platzierung nach dem Medieninhalt oder Medienträger ist einer Platzierung nach kundenbezogenen Kriterien, die weder homogen noch stabil sind, vorzuziehen.[24]

Im Sachbereich bevorzugt der Kunde in der Regel noch die Platzierung nach dem Medieninhalt, d.h. die gemeinsame Aufstellung der Print- und Non-Print-Medien. Die bevorzugte Aufstellung bei dem Bereich der *Belletristik* orientiert sich daran, ob der Kunde in erster Linie einen bestimmten Autor sucht und damit die alphabetische Platzierungsgruppenbildung präferiert, indem er dessen Werke in verschiedenen Erscheinungsformen zusammen gruppiert vorfindet, oder ob er gezielt nach einem gedruckten Buch, Hörbuch oder e-book sucht.

Bei der Bildung von Platzierungsgruppen sind wie oben geschrieben individuelle Faktoren der Bibliothek, wie Ziele, Zielgruppe, Bestand und Größe zu berücksichtigen.

---

[24] Einer konsequenten Ausrichtung am Bedarf steht auch entgegen, dass viele Medien verschiedenen Gruppen zugeordnet werden könnten. Das heißt, es stellen sich die Fragen, wo sie platziert werden, ob sie gestaffelt angeschafft werden, ob sie an verschiedenen Stellen platziert werden usw. Diese Art der Aufstellung führt zu Unübersichtlichkeit.

Die Platzierungsgruppenbildung impliziert die Festlegung der Platzierungsmenge und die Entscheidung über die Platzierungshäufigkeit.

Durch die Festlegung der Platzierungsgruppe wird die Platzierungsmenge der in ihr enthaltenen Medien bestimmt. Medien in Öffentlichen Bibliotheken sind normalerweise Einfachexemplare. Mehrfachexemplare existieren z. B. bei Bestsellern, die oft gestaffelt angeschafft werden.

> In der Stadtbücherei Düsseldorf, als Beispiel für eine Großstadtbibliothek, werden Bestseller der *Belletristik* für die Zentralbibliothek bis zu 50-mal angeschafft. Sachbücher zum Beruf oder Schülerhilfen werden ebenfalls gestaffelt mit 10 bis 15 Exemplaren angeschafft.

> In der mittelgroßen Stadtbibliothek Siegburg werden im Rahmen des Bestsellerservice der ekz Bestseller der *Belletristik* dreifach angeschafft.

Mehrfachexemplare von Medien können in einer Gruppe platziert werden, so dass eine Einfachplatzierung erfolgt, oder verschiedenen Gruppen zugeordnet werden, wodurch eine Mehrfachplatzierung stattfindet.[25] Dabei kann es sich um Zweit-, Drittplatzierung usw. handeln. Auch kann ein Bestandsbereich zeitweilig doppelt aufgestellt werden. Die Belletristik-Bestseller werden in manchen Bibliotheken mit Exemplaren in der alphabetischen Aufstellung und bei der Bestsellerplatzierung ausgeführt.

Durch Mehrfachplatzierung steigt die Möglichkeit eines Kundenkontakts und somit die Ausleihchance. Allerdings kann eine zu häufige Mehrfachplatzierung leicht zu Unübersichtlichkeit führen.

Die folgenden Fotos zeigen einige der genannten Beispiele von Unbefristeten und Befristeten Platzierungen.

---

[25] Boden untersuchte den Einfluss der Staffelung bei Einfachplatzierung auf die Ausleihhäufigkeit. Die Ausleihen verdoppelten sich bei zehn platzierten Exemplaren im Gegensatz zu Einfachexemplaren. Doch relativiert er dieses Ergebnis, da es unter Umständen nicht auf die Staffelung, sondern den Kontrast der Mehrfachexemplare zur Umgebung zurückzuführen ist.

Foto 1:   Premiumbereich - Stadtbücherei Frechen

Foto 2:   Bestseller - Stadtbibliothek Wolfsburg, ZB

Foto 3: Geographie A - By - Stadtbücherei Frechen

Foto 4: Geographie F - Stadtbücherei Frechen

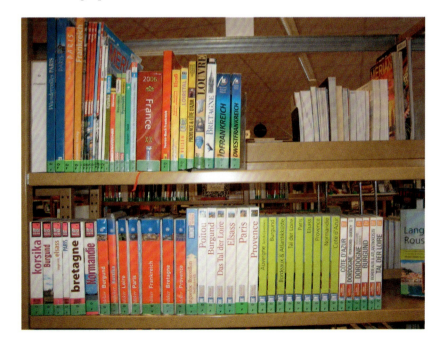

Foto 5: Regionalliteratur - Stadtbibliothek Schleiden

Foto 6: Verlagsausstellung - Städtische Bibliotheken Dresden, HMB

Foto 7: Zeitschriften und Zeitungen - Stadtbücherei Pulheim

Foto 8: Zeitschriften und Zeitungen - Stadtbücherei Frechen

Foto 9: Zeitschriften - Stadtbibliothek Reutlingen, HS

Foto 10: Zeitungen - Stadtbibliothek Reutlingen, HS

Foto 11: Zeitschriften und Zeitungen - Stadtbibliothek Reutlingen, ZS

Foto 12: Zeitschriften - Stadtbibliothek Reutlingen, ZS

Foto 13: Paperbacks Fantasy im Regal - Stadtbücherei Frechen

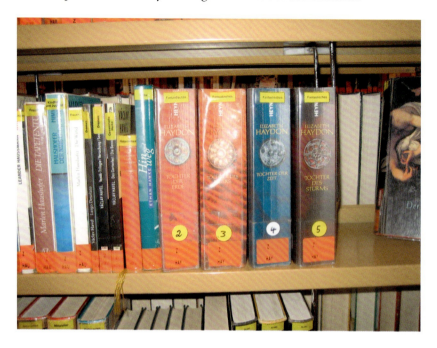

Foto 14: Paperbacks Fantasy im Drehständer - Stadtbücherei Frechen

2.1.3 Platzierungsort

Der Platzierungsort impliziert die qualitative Platzierung der Bestände im Raum und im Regal sowie ihre räumliche Lage zueinander.[26]

Bei der Festlegung des Platzierungsorts ist die Platzierung in der Ebene, d. h. der Etage, und bei mehrgeschossigen Gebäuden zusätzlich die Platzierung auf verschiedenen Etagen zu berücksichtigen.

Grundsätzliche Erkenntnisse zum Kundenverhalten in der Ebene sind:

- Kunden gehen, blicken und greifen meist nach rechts.

- Kunden meiden, soweit es möglich ist, Kehrtwendungen und lassen Ecken aus.

Daraus resultieren unterschiedliche Raumwertigkeiten. Das Kundenverhalten und die dadurch unterschiedlichen Raumzonenwertigkeiten hängen auch von der Platzierung der Bestandsträger und der Medien ab.

Besonders stark frequentiert sind die Hauptwege und die Gangkreuzungen, ebenso die rechts vom Kundenstrom liegenden Flächen, die Auflaufflächen, auf die der Kunde automatisch blickt, und die Verbuchungstheken, wenn die Kunden länger zu warten haben. Dagegen werden Zonen, die nicht unbedingt aufgesucht werden müssen, weniger stark frequentiert. Dazu gehören Einlaufzonen, die schnell passiert werden und Sackgassen im Raum, außerdem links vom Kundenverkehr liegende Zonen. Hinzu kommt die sinkende Kundenfrequenz, je weiter auf jeder Etage die Platzierung vom Eintrittsbereich entfernt liegt.

Analog zu den Raumwertigkeiten existieren Etagenwertigkeiten. Kunden suchen Stockwerke um so seltener auf, je weiter sie von der Eingangsebene entfernt sind. Daraus folgt eine abnehmende Etagenwertigkeit mit zunehmender Entfernung von der Eingangsebene. Anders wird nach Kreft durch die architektonische offene Gestaltung der Buchhandlung Hugendubel in München erreicht, dass der Kunde zunächst mittels Fahrtreppen in das dritte Obergeschoss fährt und von dort aus die Buchhandlung erschließt.

---

[26] Die Verbuchungs- und Informationsplätze sollten für den Kunden vom Eingangsbereich aus sichtbar sein.

Die Abbildung 3 zeigt beispielhaft die Nutzung des Hauptganges eines Kunden in der Bibliothek. Die markierten Ecken und Sackgassen lässt er aus. Durch die Platzierung wird der Weg der Kunden durch den Raum beeinflusst. Zudem zeigen die Abbildungen die Wertigkeiten im Raum und auf den Etagen.

Abbildung 3:   Raum- und Etagenwertigkeiten

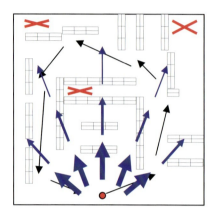
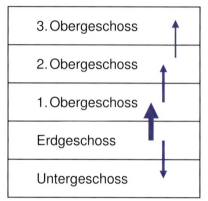

Grundsätzlich ist bei der Raumaufteilung neben der Wertigkeit der Raumzonen die unterschiedliche Attraktivität der Medien und Platzierungsgruppen zu berücksichtigen. Eine sinnvolle Platzierung stark nachgefragter Medien kann unter Umständen die Unattraktivität der räumlichen Lage ausgleichen. Aber dabei darf die Attraktivität des Mediums nicht überschätzt werden. Nach Müller sind selbst sehr attraktive Bereiche nicht in der Lage, die Abneigung des Kunden vertikalen Entfernungen gegenüber zu überwinden und zu kompensieren. Werden attraktive Medien zu weit entfernt platziert, kann auch der gegenteilige Effekt der Platzierungsmaßnahme eintreten und die Besuchshäufigkeit insgesamt sowie dieses Bereiches zurückgehen.

Ein besonderer Platzierungsort ist gegebenenfalls das Schaufenster der Bibliothek, das die Aufmerksamkeit der Kunden von außen auf das Angebot richten kann. Eine offene Umsetzung, die den Blick in die Bibliothek ermöglicht und dabei attraktive Medien präsentiert, empfiehlt sich.

Bei der Platzierung im Regal wird zwischen der vertikalen und der horizontalen Platzierung unterschieden.

Vertikal lassen sich vier verschiedene Regalzonen unterscheiden, die Reck-, Sicht-, Greif- und Bückzone. Die Reckzone umfasst die Höhen ab 1,80 m, die Sichtzone Höhen zwischen 1,50 und 1,80 m, die Greifzone zwischen 0,90 und 1,50 m und die Bückzone bis 0,90 m. Die Werte gelten als ungefähre Richtwerte. Generell besitzen die Bestände im Sicht- und Greifbereich aufgrund der erhöhten Wahrnehmungswahrscheinlichkeit die größte Wahrscheinlichkeit, ergriffen zu werden. Die Untersuchungen von Boden und Fischer über die Ausleihhäufigkeit von Büchern in Bezug auf ihre Regalplatzierung bestätigen diese Tendenz. Siehe die folgenden beiden Abbildungen 4 und 5.

Abbildung 4:   Regalwertigkeiten

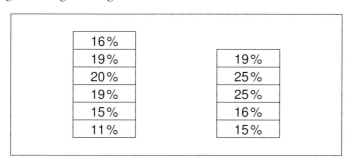

Bei einem Regal mit sechs Fachböden stellte Boden vom obersten bis zum untersten Regalbrett in dieser Reihenfolge eine Ausleihhäufigkeit der Medien von 16 %, 19 %, 20 %, 19 %, 15 % und 11 % fest. Bei einem Regal mit fünf Fachböden ergaben sich folgende Werte vom obersten bis zum untersten Regalbrett: 19 %, 25 %, 25 %, 16 % und 15 %.

Abbildung 5:   Regalwertigkeit bei der Belletristik

24 %
20 %
19 %
20 %
12 %
5 %

Bei der Untersuchung durch den Verfasser wurde die Ausleihhäufigkeit der Bücher bei der *Belletristik* in Bezug auf die Regalplatzierung in der Stadtbücherei Frechen analysiert. Die Untersuchung fand im August 2010 statt. Schwerpunkt bildete die in der Bibliothek vorherrschende alphabetische Aufstellung der *Romane*. Diese Gruppe steht in fünf Regalreihen mit jeweils vier bzw. drei Doppelregalen. Die Regale mit sechs Fachböden besitzen eine Länge von 1 m und eine Höhe von 2 m. Die Fachbrettabstände und der Bodenabstand betragen 25 cm, der Abstand des obersten Fachboden zum Regalabschluss beträgt 35 cm. Die Stärke der Fachböden ist 2,50 cm. Der Abstand der Regale zueinander, d. h. die Gangbreite beträgt 1,50 m. Die Ausleihhäufigkeit der Bücher vom obersten, ersten Fachboden bis zum untersten ergab 24 %, 20 %, 19 %, 20 %, 12 % und 5 %.

Das heißt, die vier Fachböden im Sicht- und Greifbereich weisen durchschnittlich knapp 21 % der Entleihungen auf, davon der oberste Boden mit 24 % die höchsten. Die Entleihungen auf den beiden Fachböden im Bückbereich mit unter 0,80 m sind mit durchschnittlich weniger als 9 % gering, im untersten Regalboden mit 5 % äußerst gering.

Eine Auswertung der von dem untersten Fachboden entliehenen Bücher zeigte, dass es sich dabei hauptsächlich um ältere Bestseller, Klassiker und die Bücher von Autoren mit einer großen Anzahl von Veröffentlichungen verschiedener Genre wie Krimi handelt. Es sind demnach meist Suchbücher, da Buchtitel, Autor usw. von den Kunden speziell gesucht werden. Für die Regalplatzierung im untersten Regalbrett bedeutet dies, dass ein Buch, das kein Suchmedium ist, eine äußerst geringe Wahrscheinlichkeit besitzt, entliehen zu werden und somit eine dortige Dauerplatzierung und damit der Medienkauf in der Regel nicht zu vertreten ist.

Grundsätzlich kann die *Belletristik* als Impulsbereich betrachtet werden, während Bereiche wie *Naturwissenschaften*, *Technik* usw. eher Suchbereiche darstellen.[27] Dabei können bestimmte Bücher (Buchtitel und Autoren) wie beispielsweise Bestseller und Klassiker Such- und Impulsbücher

---

[27] Die Bezeichnungen Suchgüter und Impulsgüter stammen aus dem Handel. Erstere sind z. B. Produkte wie Mehl und Zucker, letztere solche wie Süßigkeiten.

sein. Das normale Buch wird in der Regel ein Impulsbuch sein, das durch eine Platzierung im Sicht- und Greifbereich des Regals oder als Befristete Platzierung die größte Wahrscheinlichkeit besitzt, entliehen zu werden. Durch Befristete Platzierungen können Suchmedien auch zu Impulsmedien werden.

Zudem sind in Freihandbereichen kunden- und mitarbeiterfreundlich ergonomische Platzierungen, die einen Mindestabstand vom Boden berücksichtigen bzw. die das unterste Regalbrett nicht berücksichtigen. Dies betrifft sowohl die Suche der Medien als auch die Entnahme und das Einstellen der Medien. Insbesondere bei Platzierungen von Bereichen wie Großdruck, die vor allem ältere Kunden nutzen, muss darauf geachtet werden. Der DIN-Fachbericht 13 empfiehlt einen Abstand des untersten Regalbretts vom Boden von mindestens 20 cm.

Bei der horizontalen Platzierung richtet sich die Hauptaufmerksamkeit der Kunden tendenziell zunächst auf die Regalmitte und dann, aufgrund der grundsätzlichen Tendenz von Kunden nach rechts zu blicken, rechts von der Mitte. Die dort platzierten Bestände besitzen somit die größte Wahrscheinlichkeit, ergriffen zu werden.

Es existieren demnach auch bei der Regalplatzierung unterschiedliche Wertigkeiten. Natürlich stellen diese lediglich Tendenzen dar. Ein Kunde, der ein bestimmtes Medium sucht, bückt sich auch, um es zu erhalten. Ebenso kann die frontale Präsentation des Mediums im Bückbereich zur Aufmerksamkeit und Ausleihe führen.[28]

Die Platzierung der Platzierungsgruppe im Regal kann durch vertikale und horizontale Blockbildung erfolgen. Üblich ist die vertikale Blockbildung, die der Übersichtlichkeit über das Angebot und der Bremsung der Gehgeschwindigkeit des Kunden dient.

---

[28] Der Vorschlag aus dem Einzelhandel, Muss-, d. h. Suchartikel oder Waren mit geringem Deckungsbeitrag auf die unteren Regalböden zu platzieren, lässt sich nicht ohne weiteres auf Bibliotheken übertragen, da z. B. klassifikationsbedingte Vorgaben bestehen.

Bei der Regalplatzierung von Zeitschriften im Einzelhandel wurde die kundenfreundliche Möglichkeit der Suchzeitverkürzung durch optische Strukturierung des Regalinhaltes und die senkrecht strukturierte Anordnung von Objektgruppen analysiert und bestimmt.

Zur Orientierungserhöhung ist die abgesetzte Platzierung im Regal vorzuziehen, d. h. es sind Gruppen je Regalbrett bzw. je Regal zu berücksichtigen sowie die Beschriftung entsprechend der Platzierung vorzunehmen. Beispielsweise ist bei einer alphabetischen Aufstellung der *Romane* zumindest bei dem Beginn eines neuen Buchstabens ein neues Regalbrett zu wählen. Siehe dazu in Kapitel 2.2.3 Foto 52 mit der klar abgegrenzten Platzierung und Beschriftung in der Stadtbibliothek Siegburg nach der Neuplatzierung. Gerade dies wird in Bibliotheken, auch aus Platzgründen, oft nicht beachtet.

In der Stadtbibliothek Schleiden fand vor der Neuplatzierung im Jahr 2009 bei verschiedenen Bereichen die Platzierung nicht als eindeutig voneinander abgegrenzte statt. Der Bereich *Sprache* war jeweils auf den unteren beiden Regalbrettern über zwei Regale platziert. In dem ersten Regal stand der Bereich mit *Sozialwissenschaften* und in dem zweiten Regal mit *Recht, Wirtschaft* und *Pädagogik*. (Siehe Foto 15.) Der Bereich *Kunst* war über die Fachböden eines Wandregals aufgestellt sowie auf einem Fachboden im übernächsten Wandregal innerhalb des Bestandes von *Musik, Tanz, Theater und Film*. (Siehe Foto 16.) Die Aufstellung nach der Neuplatzierung zeigt für die Bereiche *Pädagogik, Psychologie, Medizin* und *Naturwissenschaften* in Kapitel 2.2.3 Foto 48.

In einer Öffentlichen Bücherei fand bei der *Belletristik* die Platzierung der alphabetisch aufgestellten *Romane* nicht als eindeutig voneinander abgegrenzte statt, auch erfolgte die Beschriftung nicht durchgängig und stimmte nicht immer mit der Platzierung überein. Beispielsweise endete die Platzierung der Bücher nach dem Autorenanfangsbuchstaben C im letzten Regalbrett und zugleich waren auf diesem einige Bücher des folgenden Buchstabens D ausgeführt. In dem Regal mit der Platzierung der Autoren mit den Buchstaben M und N waren im zweiten Regalbrett, in dem die Platzierung von M endete, noch Bücher von N platziert, obwohl auf den folgenden Regalbrettern ausreichender Platz vorhanden war. (Siehe Foto 17 und Foto 18.)

Bei der Regalaufstellung ist die klare Zuordnung der Platzierungsgruppen zu den einzelnen Zonen zu berücksichtigen.

> In der Stadtbücherei Heidelberg besteht seit der Sanierung der Bibliothek im Jahr 2009 eine bessere Trennung des Ausleihbestandes und des Präsenzbestandes mit den Nachschlagewerken, die sich räumlich durch die Treppe zwischen diesen zeigt. Die Bestände standen davor kaum voneinander getrennt, nur die Regalstirnseitenbeschriftung wies darauf hin.

Außer dem Platzierungsort im Raum und im Regal ist die räumliche Beziehung der Medien zueinander von Bedeutung. Dies betrifft die Lage zu anderen Medien und die Lage zu anderen Mediengruppen. Bei einer Einzelplatzierung werden Medien getrennt von den anderen und bei einer Verbundplatzierung zusammen platziert.

Grundsätzlich soll die Platzierung die kognitiven Ansprüche des Kunden unterstützen, indem die gebildeten Platzierungsgruppen in einen sinnvollen, strukturierenden Zusammenhang gebracht werden. Miteinander in Verbindung stehende Platzierungsgruppen werden durch Nachbarschaftsplatzierung in räumlicher Nähe platziert und Platzierungsgruppen, denen durch kein Merkmal eine Zusammengehörigkeit zukommt, getrennt aufgestellt. Um gleichzeitig die Stimulation zu ermöglichen, können über den Raum verteilte Befristete Platzierungen angeordnet werden. Auch die unterschiedliche Raumfrequentierung der Bibliothek zu den verschiedenen Tageszeiten kann die Anordnung beeinflussen.

Die Bibliothek könnte für Berufstätige, die in ihrer Mittagspause die Bibliothek aufsuchen und denen eine entsprechend begrenzte Zeit zur Verfügung steht, einen „Mittagstisch" in räumlicher Nähe zum Eingangsbereich platzieren, auf dem ausgewählte Literatur aus verschiedenen Bereichen zusammengestellt ist.[29]

---

[29] Vergleiche die Revolverregale im Handel und die Beobachtung einer Raumfrequentierung in einer Buchhandlung durch Kreft.

Foto 15: Nicht eindeutige Platzierung im Regal - Stadtbibliothek Schleiden

Foto 16: Nicht eindeutige Platzierung „Kunst" - Stadtbibliothek Schleiden

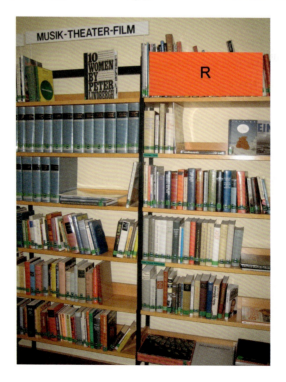

Foto 17: Nicht abgegrenzte Platzierung im Regal - Öffentliche Bücherei

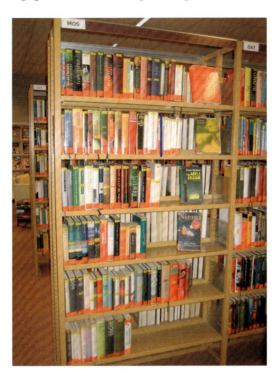

Foto 18: Nicht abgegrenzte Platzierung „Belletristik M/N" - Öffentliche Bücherei

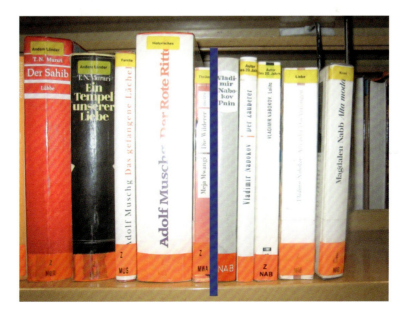

2.1.4 Platzierungsart

Die Platzierungsart umfasst die Regalanordnung. Dadurch wird auch die Anlage der Gänge zwischen den Regalen bestimmt.[30]

Hauptsächliche Anforderungen an die Regalanordnung sind die Gewährleistung von Bewegungsfreiheit sowie Transparenz und Übersichtlichkeit.

Eine entsprechende Gangbreite soll dem Kunden genügend Bewegungsfreiheit ermöglichen. Die Höhe der Regale beeinflusst die Gangbreite und diese wiederum die Regallänge. Je höher bzw. länger die Regale sind, desto größer sollte die Gangbreite sein, um Schluchtenwirkungen zu vermeiden. Generell bevorzugen Kunden breite Gänge. Nach den Vorgaben des barrierefreien Bauens in öffentlich zugänglichen Gebäuden nach DIN 18040-1 sind Durchgänge bei Neubauten mit einer Mindestbreite von 0,90 m auszuführen; für Richtungsänderungen und für Begegnungen mit anderen Personen sind entsprechend höhere Gang-/Flächenmaße ab 1,50 m bzw. 1,80 m zu berücksichtigen.[31] Für Hauptgänge empfiehlt der DIN-Fachbericht 13 eine Breite von mindestens 2,50 m.

Die Achsabstände in weniger genutzten Bereichen der Bibliothek können, unter Berücksichtigung der Mindestgangbreiten, verringert werden, um durch diese Regalverdichtung größere Freiräume für andere Angebote zu schaffen. Unterschiedliche Achsabstände als bewusstes Mittel zur Raumgestaltung und eine Aufstellung niedrigerer Regale in der Raummitte verbessern die Übersicht in der Bibliothek.

Bei der Regalaufstellung kann zwischen dem Zwangs- und dem Individualablauf unterschieden werden. Die folgende Abbildung 6 zeigt die beiden Möglichkeiten am Beispiel einer gradlinigen Regalaufstellung. Der Zwangs- und der Individualablauf sind auch bei kreisförmiger und kojenartiger Regalaufstellung möglich.

---

[30] Die durch bauliche Vorgaben festgelegten Hauptwege sind nicht davon betroffen. Der Gang zwischen Regalreihen wird im DIN-Fachbericht 13 als Bediengang bezeichnet.

[31] Die Angaben sind bei Umbauten sinngemäß anzuwenden.

Abbildung 6:   Zwangs- und Individualablauf

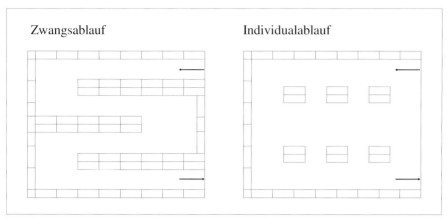

Bei dem Zwangsablauf erfolgt eine geplante Kundenführung, bei welcher bestimmte, oft periphere Platzierungsgruppen nicht auf anderem Weg erreicht werden können. Beim Individualablauf sind verschiedene Wege möglich, einen Bereich aufzusuchen. Beide Formen sind extreme Lösungen. In der Praxis existieren meist Mischformen mit dem Schwerpunkt auf dem Individualablauf.

Außerdem gibt es verschiedene Aufstellungsarten, von denen eine repräsentative Auswahl an Formen in der folgenden Abbildung 7 schematisch dargestellt ist. Die individuelle Anordnung in jeder Bibliothek hängt von den Raummaßen, der Fensteranordnung usw. ab.

Abbildung 7: Aufstellungsarten

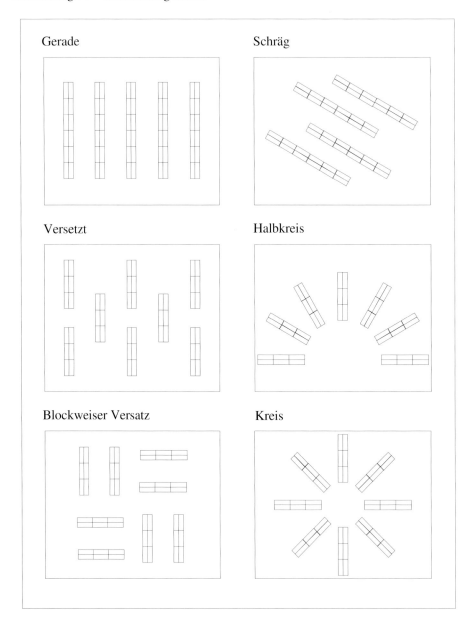

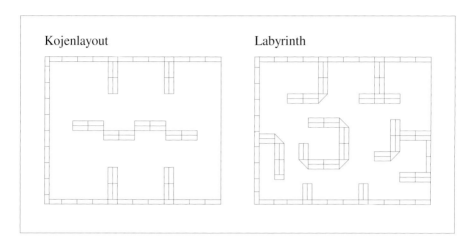

Kojenlayout   Labyrinth

Es kann zwischen geraden und verwinkelten Regalaufstellungen unterschieden werden. Die gerade Aufstellung kann als rechtwinklige bzw. pa-
rallele zur Wand oder als schräge Regalaufstellung erfolgen. Die Abbildungen zeigen verschiedene Möglichkeiten auf. Die Aufstellungen können
auch als geteilte stattfinden. Die verwinkelte Aufstellung impliziert das
Kojenlayout und das Labyrinth. Auch bei dieser Aufstellung ist grundsätzlich die rechtwinklige oder schräge Aufstellung möglich.

Die häufigste Aufstellungsart in Bibliotheken ist die gerade Aufstellung.
In Öffentlichen Bibliotheken findet sich auch oft die Aufstellung in Form
von Kojen.

Die unabgesetzte gradlinige Aufstellung von Regalen ist in Bezug auf die
Stimulation eintönig und erschwert zudem die Orientierung, da der Kunde sich keine gedankliche Strukturierung über die Anordnung machen
kann. Er ist bei jedem Besuch erneut auf die Beschriftung angewiesen.
Der blockweise Versatz der Regale kann die Orientierung unterstützen,
wenn eine klare Bereichsabgrenzung stattfindet.

Schräge Regalaufstellungen, beispielsweise als versetzte, halbkreis- oder
kreisförmige können Abwechslung darstellen. Interessant und ungewöhn-
lich sind kreisförmige Regalaufstellungen. Eine halbkreisförmige Regalaufstellung bietet dem Kunden vom zentralen Punkt Übersichtlichkeit und
Anregung.

Eine schräge Blockaufstellung besteht in der Stadsbiblioteket Malmö (Schweden) und eine schräge gradlinige Regalaufstellung des Sachbereiches in der Stadtbücherei Frechen.

Eine kreisförmige Aufstellung ist in der Betty and Gordon Moore Library der Cambridge University Library (Großbritannien) umgesetzt worden.

Als Gegenstück der gradlinigen Aufstellung ist das Labyrinth zu sehen. Die freie, unregelmäßige Aufstellung der Regale im Raum ist vielfältig, aber sie macht den Raum unübersichtlich und verwirrend. Die Orientierung und gedankliche Strukturierung des Raumes wird für den Besucher auch hier erschwert. Die Stimulation des Labyrinths in positivem oder negativem Sinne ist abzuwägen.

Die kojenartige Aufstellung bietet sich für kleine und mittlere Bibliotheken an, die damit eine angenehme Atmosphäre schaffen können und aufgrund ihrer Größe die Aufstellung nicht unübersichtlich werden lassen.

Die Regalaufstellung sollte den Orientierungsfaktor Wand berücksichtigen, indem den Kunden möglichst zumindest auf dem Hauptgang der Blick auf zwei gegenüberliegende Wände gewährt wird.

Bei Platzierungsänderungen der Regale muss eine Anpassung der Beleuchtung stattfinden, damit diese ihre Funktion weiterhin erfüllen kann.

2.2   Präsentation der Medien

Gestaltungselemente der Präsentation können gezielt eingesetzt werden, um die Orientierung zu erhöhen und die Kunden anzuregen. Nachfolgend wird auf die ausgewählten Elemente Material, Form und Farbe sowie als Elemente der Einrichtung auf die Bestandsträger, Beschilderung und Dekoration eingegangen, die insbesondere diesen Anspruch erfüllen können.[32]

2.2.1   Gestaltungsmittel

Grundlegende Gestaltungsmittel sind die Elemente Material, Form und Farbe. Jeder Gegenstand besteht aus einer spezifischen Kombination dieser drei Merkmale.

Material

Die Anzahl der Materialien ist vielfältig. Eine mögliche Grundgliederung für Werkstoffe ist die nach Metallischen Werkstoffen, wie Stahl, Aluminium und Edelmetalle, Nichtmetallischen Werkstoffen, wie Glas, Keramik, Holz und Kunststoffe, und Verbundwerkstoffen, wie Hartpapier und Kunstharzpressholz.

Wichtige Werkstoffleistungen sind physikalische, wirtschaftliche und ökologische. Für die atmosphärische Gestaltung sind die physikalischen Leistungen mit insbesondere den mechanischen, thermischen und optischen Leistungen von Bedeutung. Mechanische Leistungen sind die Härte oder die Festigkeit des Materials. Thermische Leistungen betreffen die Veränderung der Stoffeigenschaften bzw. Änderung der Oberflächentemperatur von Materialien bei Temperaturänderung. Optische Leistungen beziehen sich z. B. auf den Oberflächenglanz.

Die aus ihnen resultierenden Wahrnehmungswirkungen des Materials betreffen die Ansprüche der Sinne. Materialien besitzen beispielsweise unterschiedliche visuelle und haptische Wirkungen. Koppelmann kategorisiert Materialien, um einen allgemeinen Überblick über Gestaltungsmöglich-

---

[32]   Auch mit einem durchdachten Lichtkonzept können die Orientierung erleichtert und der Bestandsüberblick verbessert werden.

keiten für Anmutungsansprüche zu geben. Dabei ist die Anmutung immer in Zusammenhang mit dem Gestaltungsgegenstand zu betrachten. Er unterscheidet unter anderem natürliche und künstliche Stoffe sowie moderne und altbewährte Stoffe. Die Oberflächenstruktur, die Festigkeit und die Oberflächentemperatur bestimmen, wie Stoffe sich anfühlen. Oberflächenstrukturen werden auch visuell wahrgenommen.

Form

Jeder Gegenstand besitzt eine Form. Die Gestaltungselemente in der Bibliothek sind in der Regel formfest.[33] Als Formelemente dienen Punkt, Linie, Fläche und Körper.

Wichtige Formleistungen sind technische, ergonomische und die Wahrnehmungsleistungen.

Eine technische Leistung ist die Stabilität. Ergonomische Leistungen betreffen die Bedienungsfreundlichkeit und die Greiftauglichkeit. Rürup weist darauf hin, dass bei einer in den Kundenraum hineinragenden Einrichtung runde Formen zu bevorzugen sind. Er bezieht sich auf den Gestaltungsaspekt der Verwendung runder Formen in Laufrichtung des Kunden.

Wesentlich für die gute Wahrnehmung eines Gegenstandes ist seine Formprägnanz. Merkmale dieser sind insbesondere Symmetrie und Geschlossenheit. Aufmerksamkeit und Interesse werden durch für einen Gegenstand ungewöhnliche Formen geweckt.

Ein organisch geformter Tisch oder dreieckige und runde Bestandsträger erzielen durch ihre ungewöhnliche Form mehr Aufmerksamkeit wie ein rechteckiger Tisch oder klassische Medienregale. Zu berücksichtigen ist dabei die Anzahl, da ein Objekt mit individueller Form unter vielen gleichförmigen entsprechend auffällt.

---

[33] Eine formunbeständige Erscheinungsform besitzt beispielsweise ein mit Granulat gefüllter Sitzsack.

Farbe

Farbe ist ein durch das Auge vermittelter Sinneseindruck. Grundsätzlich muss bei dem Begriff Farbe zwischen dem Sinneseindruck und dem stofflichen Mittel Farbe, mit dem der Farbeindruck von Materie verändert werden kann, unterschieden werden.

Eine praxisorientierte Einteilung von Farben ist die nach 1. Unbunten Farben (Weiß, Schwarz und Grau), 2. Buntfarben (Rot, Grün, Violett bzw. Blau(-Violett), …), 3. Brauntönen, 4. Metall- und Metallicfarben (Gold-, Silber-, Aluminiumfarben, …) und 5. Sonderfarben (Leuchtfarben, Perlmutt, …).

Farben besitzen großen Einfluss auf die Wahrnehmung und das Verhalten des Menschen, weshalb sie wesentliche Gestaltungselemente darstellen.

Wichtige Farbleistungen sind Wahrnehmungswirkungen und Informationsleistungen.

Wahrnehmungswirkungen von Farben sind z. B. die physische Wirkung, die visuelle Wirkung (Distanzwirkung), die haptische Wirkung (Temperaturwirkung), die akustische Wirkung, die olfaktische Wirkung und die gustatorische Wirkung.

Farben besitzen verschiedene physische Wirkungen. Während Rot mit aufregend und aktivierend assoziiert wird, wirken Blau und Grün beruhigend bzw. entspannend. Farben können räumliche Größenverhältnisse anders erscheinen lassen, d. h. Distanzwirkungen beeinflussen. Während die Farben Gelb, Orange und Rot mit Nähe assoziiert werden, lassen die Farben Blau und Grün Entfernung empfinden. Farben vermögen Temperatureindrücke zu vermitteln. Rot, Gelb und Orange werden mit „warmen" Farben assoziiert, Blau und Grün als „kalte" Farben empfunden. Eine generelle Erkenntnis ist, dass „kalte" Farben bevorzugt werden. Bei Erwachsenen ist die typische präferierte Farbreihenfolge: Ultramarinblau-Rot-Grün-Gelb.

Zu berücksichtigen ist, dass die Wirkung von Farben nicht alleine auftritt. So hängt die Farbwirkung z. B. von der Beleuchtung, dem Material und der Form ab.

Farben können Informationen vermitteln. Durch die farbliche Kennzeichnung von Funktionsbereichen und Etagen der Bibliothek oder Wissensbereichen bzw. Gruppen von Wissensbereichen kann die Orientierung unterstützt werden. Bei der konstanten Zuordnung von signifikanten Farben beispielsweise zu Bereichen besteht die Möglichkeit ihrer Identifikation.

Einsatzbereiche von Farben in diesem Sinne können sich auf die Raumumschließungsflächen Fußböden, Wände, Decken sowie die Einrichtung mit Bestandsträgern, Informations- und Verbuchungstheken, sonstige Möblierung, Beschilderung usw. erstrecken.

Beispielsweise können durch den gezielten Einsatz unterschiedlicher Farben und Materialien des Bodenbelags die Hauptgänge und die Bereiche anders gestaltet sein. Allerdings legt sich die Bibliothek insbesondere mit dem Bodenbelag für einen längeren Zeitraum in ihrer Raumgestaltung fest.

Im Anschluss an das, in Kapitel 2.1.1 vorgestellte, Sortierexperiment ordneten die Probanden den gebildeten Hauptgruppen jeweils eine der Farben Rot, Gelb, Grün, Blau, Braun und Grau zu.

Die folgende Abbildung 8 zeigt für die Wissensbereiche prozentual die vorgenommenen Farbzuordnungen. Die Bereiche sind angeordnet nach der Systematik.

Abbildung 8:   Farbassoziationen

Bereich	Rot [%]	Gelb [%]	Grün [%]	Blau [%]	Braun [%]	Grau [%]
Allgemeines	32,17	20,87	16,52	16,52	7,83	6,09
Biographische Literatur	43,48	15,65	6,96	17,39	9,57	6,96
Geographie	9,57	16,52	33,91	20,00	11,30	8,70
Heimatkunde	14,78	14,78	28,70	22,61	13,04	6,09
Geschichte	16,52	13,91	24,35	25,22	11,30	8,70
Recht	6,96	13,91	21,74	17,39	20,87	19,13
Sozialwissenschaften	12,17	22,61	17,39	14,78	16,52	16,52
Politik/Verwaltung	7,83	13,04	21,74	17,39	21,74	18,26
Wirtschaft	7,83	13,04	24,35	17,39	20,87	16,52
Religion	15,65	20,87	20,00	21,74	10,43	11,30
Philosophie	15,65	20,87	20,87	20,87	11,30	10,43
Psychologie	12,17	22,61	18,26	21,74	11,30	13,91
Pädagogik	13,04	23,48	21,74	17,39	11,30	13,04
Sprache	38,26	20,00	8,70	17,39	6,09	9,57
Literatur	46,09	15,65	6,09	16,52	7,83	7,83
Kunst	46,09	18,26	12,17	14,78	5,22	3,48
Musik, Tanz, Theater	47,83	16,52	13,91	13,04	5,22	3,48
Film	42,61	17,39	15,65	13,91	6,96	3,48
Mathematik	10,43	13,91	35,65	22,61	9,57	7,83
Naturwissenschaften	11,30	13,04	35,65	22,61	9,57	7,83
Medizin	12,17	13,04	28,70	28,70	10,43	6,96
Technik	11,30	10,43	29,57	17,39	18,26	13,04
Landwirtschaft	8,70	12,17	31,30	13,91	19,13	14,78
Hauswirtschaft	15,65	20,00	28,70	15,65	13,91	6,09
Sport	15,65	26,96	22,61	24,35	6,96	3,48
Freizeit	23,48	26,09	20,00	20,00	6,96	3,48
Belletristik	46,96	18,26	8,70	11,30	6,96	7,83
Fremdsprachige Belletristik	46,96	18,26	9,57	11,30	6,96	6,96

Die Farbzuordnung zeigt eine eindeutige Farbtendenz.

Cluster 1 werden insbesondere die Farben Rot und Gelb zugeordnet, dem Cluster 2 die Farben Grün, Blau, Braun und Grau.

Eindeutig ist die Zuordnung der Farbe Rot. Sie wird von durchschnittlich 45,71 % der Probanden mit der Gruppe 1.1 („Schöne Künste"), die die Bereiche *Belletristik, Fremdsprachige Belletristik, Sprache, Literatur, Biographische Literatur, Kunst, Musik, Tanz, Theater* und *Film* beinhaltet, assoziiert.

Den beiden Elementen *Sport* und *Freizeit* der Gruppe 1.2 wird die Farbe Gelb am häufigsten zugeordnet. Bei dem Bereich *Allgemeines* stellt die Farbe Gelb im Anschluss an die häufigste Zuordnung Rot die meist assoziierte Farbe dar.

Die Bereiche *Psychologie, Pädagogik, Religion, Philosophie* und *Sozialwissenschaften* des Clusters 2.1 („Philosophie und Pädagogik") besitzen keine eindeutige Farbverknüpfung. Zugeordnet wurden insbesondere die Farben Blau, Gelb und Grün mit jeweils ungefähr 20 %. Bei den Bereichen *Geographie, Heimatkunde* und *Geschichte* des Clusters 2.2 („Geographie und Geschichte") besteht eine starke Farbassoziation zu Grün. Die Assoziation bei *Geschichte* ist noch gleichstark mit Blau, bei *Geographie* und *Heimatkunde* etwas schwächer. Zu der Gruppe 2.3 („Naturwissenschaften und Technik") erfolgt eindeutig die Farbzuordnung Grün, insbesondere zu den Bereichen *Mathematik, Naturwissenschaften* und *Medizin* sowie *Technik* und *Landwirtschaft*. Bei den Bereichen *Recht, Politik/Verwaltung, Wirtschaft* ist zudem eine gleichstarke Farbassoziation mit Braun vorhanden.

In Anlehnung an die bei dem Sortierexperiment gebildeten Gruppen empfiehlt sich die Platzierung von bis zu vier oder fünf Hauptgruppen und die Markierung mit den entsprechenden Farben.

Die folgende Abbildung 9 zeigt mögliche Farbgruppierungen. Die Bereiche sind nach den Clustern angeordnet.

Abbildung 9:   Farbmarkierungen

Bereich	Rot	Gelb	Grün	Blau	Braun
Belletristik	■	■			
Fremdsprachige Belletristik	■	■			
Sprache	■	■			
Literatur	■	■			
Biographische Literatur	■	■			
Kunst	■	■			
Musik, Tanz, Theater	■	■			
Film	■	■			
Sport		■			
Freizeit		■			
Hauswirtschaft			■		
Allgemeines	■	■			
Psychologie		■	■	■	
Pädagogik		■	■	■	
Religion		■	■	■	
Philosophie		■	■	■	
Sozialwissenschaften		■	■	■	
Geographie		■	■	■	
Heimatkunde		■	■	■	
Geschichte		■	■	■	
Mathematik			■		
Naturwissenschaften			■		
Medizin			■		
Recht			■		■
Politik/Verwaltung			■		■
Wirtschaft			■		■
Technik			■		■
Landwirtschaft			■		■

Die Gruppen des ersten Clusters sind die Gruppe 1.1 „Schöne Künste" und die Gruppe 1.2 „Freizeit und Sport". Die erste wird mit der Farbe Rot und die zweite mit der Farbe Gelb markiert. Das Problem dieser zwei Gruppen stellt die Gruppenungleichheit durch die schwach besetzte Gruppe „Freizeit und Sport" dar.

Bei der Farbzuordnung in Cluster 2 bestehen verschiedene Möglichkeiten. Eine Möglichkeit ist, die Gruppe 2.1 mit den Bereichen *Psychologie, Pädagogik, Religion* und *Philosophie* Blau zu kennzeichnen. Die Gruppe 2.2 mit den Bereichen *Geographie, Heimatkunde* und *Geschichte* kann farblich entweder, für eine ausgewogene Platzierung, der Gruppe 2.1 oder der Gruppe 2.3 zugeordnet werden.

Die Gruppe 2.3 mit den Bereichen *Mathematik, Naturwissenschaften* und *Medizin* sowie *Recht, Politik/Verwaltung, Wirtschaft, Technik* und *Landwirtschaft* wird mit der Farbe Grün markiert. Ordnet man *Sozialwissenschaften* nach ASB zu *Politik/Verwaltung* und *Hauswirtschaft* zu *Landwirtschaft*, sind auch diese Bereiche mit Grün zu markieren. Weitere Möglichkeiten bestehen in der Aufteilung der Gruppe 2.3. So können die Bereiche der Gruppe 2.3.1, *Mathematik, Naturwissenschaften* und *Medizin*, mit der Farbe Grün und die Gruppe 2.3.2 mit *Recht, Politik/Verwaltung, Wirtschaft, Technik* und *Landwirtschaft* mit Braun gekennzeichnet werden, einschließlich *Sozialwissenschaften* und *Hauswirtschaft*.

Bei der Gruppenzuordnung können bibliotheksindividuelle Faktoren wie die Gruppenstärke/-besetzung den Ausschlag geben.

Die Stadtbibliothek Bergheim hat für die Etagen eine Farbzuordnung vorgenommen. Dem Untergeschoss mit der Kinderbibliothek wurde die Farbe Blau zugeordnet, dem Erdgeschoss mit u. a. der Verbuchung Gelb, dem 1. Obergeschoss mit den Sachbereichen Grün und dem 2. Obergeschoss mit der *Belletristik* Rot. Die Farben werden auf den Informationssäulen, den Lageplänen, in dem Untergeschoss durch den Teppich und den weiteren Etagen durch einen Anstrich eines Abschnittes der Sichtbetonwand kommuniziert.

In der Gemeindebücherei Steinkirchen-Grünendeich existieren verschiedenfarbige Schilder bei der Regalbeschriftung mit Grün für den Sachbereich und Blau für die *Belletristik*.

Die Stadtbibliothek Schleiden hat bei der Neuplatzierung nach den Clustern im Jahr 2009 die Regalbeschriftung entsprechend den erhobenen Farbzuordnungen farblich markiert. Die Beschilderung der Bereiche des Clusters 1 wurde in Rot, die Beschilderung der Bereiche des Clusters 2 in Grün ausgeführt. (Siehe dazu in Kapitel 2.2.3 Foto 48 und Foto 49.)

Der Einsatz der Gestaltungsmittel und die Wirkung sollen beispielhaft im folgenden Kapitel an Bestandsträgern gezeigt werden.

2.2.2 Bestandsträger

Bestandsträger für den Buchbestand ist üblicherweise das Buchregal. Medien wie CDs, DVDs und Karten werden insbesondere im Regal wie mit Medientrogaufsätzen und CD-Fachbodenaufsätzen oder getrennt in Trögen aufgestellt. Zeitschriften und Zeitungen können in Zeitschriften- und Zeitungsschränken, -regalen, -wänden oder -ständern untergebracht und präsentiert werden.

Grundsätzliche Funktion der Bestandsträger ist die Bestandsaufnahme. Sie können aber auch durch die Schrägfachböden und Bücherkrippen der Frontal- und Buchrückenpräsentation und damit der Bestandspräsentation dienen. Zur Frontalpräsentation eignen sich insbesondere Neuerwerbungen mit attraktivem Einband. Weitere Präsentationsmöglichkeiten an den Regalstirnseiten bieten einhängbare Taschenbuchtröge und Bücherkrippen, aber auch Schrägablagen und die Befestigung von Präsentationsfachböden am Regal. Eine variable Präsentation ermöglichen Fachböden mit veränderbarer Einstellung des Neigungswinkels. Mit Regalen, bei denen jeweils der unterste Fachboden ein hervorstehendes Schrägfach darstellt, kann der oben genannten geringen Wertigkeit dieses Faches entgegengewirkt werden, allerdings ist die Stoßgefährdung der Kunden zu berücksichtigen. Individuelle und ungebundene Frontalpräsentation ermöglichen Buch- oder Zeitschriftenaufsteller, die z. B. ins Regal gestellt werden können. Eine Präsentationsmöglichkeit für besondere Bestandsstücke oder Ausstellungen bieten Vitrinen. Die Buchpräsentation in Drehständern wird insbesondere für Taschenbücher genutzt.

Die Platzierung und Präsentation im Regal erfordert einen ausreichenden Fachbodenabstand für die Buchrückenhöhen und bei Frontalpräsentationen Platz dafür auf dem Fachboden.[34] Regale werden oft zu voll mit Büchern bestellt. Durch zu geringe Fachbodenhöhen können die Bücher nicht alle hochkant gestellt werden, und eine durchgehende Platzierung der Me-

---

[34] Der DIN-Fachbericht 13 berücksichtigt als Regalkapazität je Regalbrett in systematischer Freihandaufstellung 20 bis 30 Bücher; diese Anzahl muss bei Frontalpräsentation entsprechend reduziert werden. Siehe die Angaben zu Buchhöhen und Regalbödenhöhen ebenda.

dien mit Rückenansicht zum Gang ermöglicht keine Frontalpräsentation. In Ausnahmefällen finden Bücher sogar noch in Schubkästen unter den Regalen Platz. Wenn Frontalpräsentationen von Büchern stattfinden, sind diese oft ohne Präsentationsständer in das Regal gestellt oder gelegt. (Siehe Foto 19, Foto 20, Foto 21 und Foto 22.) Die Platzierung und Frontalpräsentation auf Buchaufstellern im Regal in der Stadtbücherei Frechen zeigen Foto 23, Foto 24 und Foto 25.[35]

Die Wirkung der Bestandspräsentation auf die Anzahl der Entleihungen untersuchte Boden. Er analysierte die Wirkung der Buchpräsentation durch eine Frontalpräsentation im Regal, in einem getrennten Ausstellungsregal und auf einem Tisch im Vergleich zur klassischen Aufstellung im Regal am eigentlichen Standort. Als Ergebnis stellte er eine durchschnittlich vervierfachte Ausleihhäufigkeit der präsentierten Bücher gegenüber den regulär im Regal aufgestellten fest. Den größten Einfluss auf die Erhöhung der Entleihungen hatten die getrennte Präsentation in dem Ausstellungsregal und auf dem Tisch.

Bestandsträger können aus verschiedenen Materialien bestehen. Ein Glas-, Holz-, Metall- oder Kunststoffregal besitzen unterschiedliche Wahrnehmungswirkungen. Auch die Farb- und Formwirkung ist zu berücksichtigen.

Insbesondere Medien, auf die die Aufmerksamkeit gelenkt werden soll, wie Befristete Platzierungen, sollten auf individuellen Bestandsträgern präsentiert werden, die sich von den regulären Bestandsträgern abheben. Individuelle Präsentationsmöbel werden meist für die jeweilige Bibliothek konstruiert. Durch Farbaktualisierungen behalten Möbel ihre Attraktivität und erzielen weiterhin Aufmerksamkeit bzw. gewinnen sie erneut.

Die folgenden Beispiele mit Fotos zeigen den Einsatz der Gestaltungselemente Material, Form und Farbe und ihre Wirkung bei Bestandsträgern.

---

[35] Vergleiche die digitale Frontalpräsentation der Bücher bei Zoomii.

Den Einsatz einer dreieckigen Form zeigen die Vitrinen und die Regale in der Hauptstelle der Stadtbibliothek Reutlingen. Die individuell angefertigten Bestandsträger, die sich durch ihre Form und Farbe von den restlichen Regalen abheben, sind in der Bibliothek an vier Standorten unter den Stahlträgern aufgestellt. (Siehe Foto 26 und Foto 27 sowie in Kapitel 2.3.2 Foto 65.)

Einer Pyramide nachgebildet sind die Bestandsträger zur Medienpräsentation in der Hauptstelle der Stadtbücherei Tübingen, die es dort seit Mitte der 1990er Jahre gibt. Sie wurden von dem für die Umgestaltung der Bibliothek zuständigen Architekten des Hochbauamtes der Stadt konzipiert und von einer Schreinerei umgesetzt. (Siehe Foto 28.)

In runder Form zeigt sich das Präsentationsmöbel in der Thomas-Valentin Stadtbücherei in Lippstadt. Es wurde mit der Neueröffnung der Bücherei im Jahr 2008, deren Neumöblierung durch einen Bibliotheksmöbelanbieter erfolgte, angeschafft. Präsentiert werden dort die Neuerwerbungen der Romane. (Siehe Foto 29.)

In der Zweigstelle Waldhäuser-Ost der Stadtbücherei Tübingen sind seit dem Umbau 2007 in einem Bereich rote Möbel aufgestellt. Diese wurden, wie das in Foto 30 abgebildete rote Regal, von einem Architekten des Hochbauamtes der Stadt nach den Vorgaben der Bücherei entworfen und von einer Schreinerei gebaut.

In interessanter rechteckiger Form ist die „Bücherbühne" ausgeführt, die seit 2009 im Eingangsbereich der Zentralbibliothek der Stadtbibliothek Bremen platziert ist. Es werden regelmäßig insbesondere Befristete Platzierungen mit aktuellem Bezug zu Bremen und der Umgebung oder allgemeiner Art präsentiert. (Siehe Foto 31.)

Die Doppelregale aus Holz in der Stadtbücherei Pfullingen besitzen an den Stirnseiten aus dem gleichen Material entsprechende Kästen für die Medienpräsentation, die in klassischem Design eine Einheit mit dem Möbel bilden. Der Regalbestand, Standardregale eines Bibliotheksmöbelanbieters, wurde mit dem Neubau der Bücherei vor über 25 Jahren angeschafft. (Siehe Foto 32 und Foto 33.)

In der Stadtbücherei Pfullingen wird ein Schrank zur Buchpräsentation genutzt. Er ist eine Dauerleihgabe einer älteren Leserin, die diesen vor mehr als 15 Jahren auf einen Aufruf der Bücherei, Möbel für eine gemütlichere Atmosphäre zu schenken, überlassen hat. (Siehe Foto 34.)

In der Mediathek Schramberg gibt es seit dem Bezug neuer Räume im Jahr 2005 ein Wandregal „Grüne Wand", in dem für die Jugendlichen insbesondere die Neuerwerbungen präsentiert werden. Die obere Platte der ungefähr 4 m x 2 m großen angewinkelten Präsentationswand hat die Farbe Mintürkis. Als Buchauflagen dienen graualuminiumfarbene Stahlwinkel. Die Präsentationswand wurde von einem Architekten des zuständigen Fachbereiches der Stadt konzipiert und die Teile von einem Schlosser und Tischler angefertigt und zusammengebaut. (Siehe Foto 35.)

In der Stadtbücherei Pulheim sind alle Bestandsträger mit einem Furnier in Nussbaum und Modenarot ausgeführt. Auf Bestandsträgern im Eingangsbereich werden bereichsübergreifend Befristete Platzierungen präsentiert. Präsentationselemente bei den Bereichen, wie die Eckregale, bieten auch Präsentationsmöglichkeiten. (Siehe Foto 36 und Foto 37.)

Unter Verwendung der Farbe Grün sind verschiedene Möbel in interessanten Formen seit der Neueröffnung 2008 in der Stadtbibliothek Dettelbach ausgeführt, wie der „Leseort" und das „Treppenregal" im Kinderbereich. (Siehe Foto 38 und Foto 39.)

Foto 19: Zu geringe Fachbodenabstände/Schubkästen - Öffentliche Bibliothek

Foto 20: Zu geringe Fachbodenabstände - Öffentliche Bibliothek

Foto 21: Durchgehende Fachbodenbelegung Belletristik - Öffentliche Bibliothek

Foto 22: Frontalpräsentation ohne Buchständer - Öffentliche Bibliothek

Foto 23: Buchplatzierung und -präsentation - Stadtbücherei Frechen

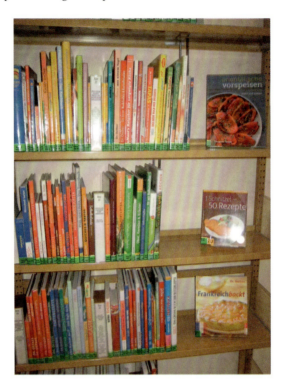

Foto 24: Präsentationsständer   Foto 25: Buchpräsentation

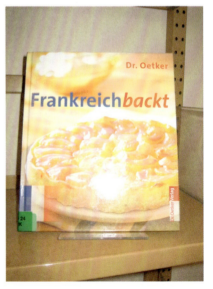

Foto 26: Dreieckige Vitrinen - Stadtbibliothek Reutlingen, HS

Foto 27: Dreieckiger Bestandsträger - Stadtbibliothek Reutlingen, HS

Foto 28: Pyramidenförmige Präsentationsmöbel - Stadtbücherei Tübingen, HS

Foto 29: Rundes Präsentationsmöbel - Thomas-Valentin Stadtbücherei

Foto 30: Rotes Präsentationsmöbel - Stadtbücherei Tübingen, ZS

Foto 31: Präsentationsmöbel „Bücherbühne" - Stadtbibliothek Bremen, ZB

Foto 32: Medienpräsentation an den Regalstirnseiten - Stadtbücherei Pfullingen

Foto 33: Präsentationskästen an den Regalstirnseiten - Stadtbücherei Pfullingen

Foto 34: Schrank als Bestandsträger - Stadtbücherei Pfullingen

Foto 35: Bestandsträger „Grüne Wand" - Mediathek Schramberg

Foto 36: Präsentationsregale - Stadtbücherei Pulheim

Foto 37: Bestandsträger - Stadtbücherei Pulheim

Foto 38: Bestandsträger „Leseort" - Stadtbibliothek Dettelbach

Foto 39: Bestandsträger „Treppenregal" - Stadtbibliothek Dettelbach

2.2.3 Beschilderung

Die Beschilderung umfasst das Orientierungs-, Leit- und Informationssystem. Zu dem Orientierungssystem gehören Lagepläne zur Orientierung und Identifikation des Standortes des Kunden. Bei mehrgeschossigen Gebäuden kann ein Gebäudeschnitt mit entsprechender Beschriftung aufgezeigt werden. Außerdem werden Schilder zur Identifikation des Standortes, insbesondere Schilder zur Kennzeichnung von Funktionsbereichen, und die Regalbeschriftung dazu gezählt. Die Beschriftungen von Befristeten Platzierungen müssen ebenfalls berücksichtigt werden. Das Leitsystem beinhaltet die Richtungsschilder. Unter Informationssystem werden Informationstafeln mit Auskünften zu Öffnungszeiten, Anweisungen zur Katalognutzung, zu der in der Bibliothek verwendeten Systematik[36] usw. verstanden. Grundsätzlich besteht bei der Beschilderung auch die Möglichkeit in elektronischer Ausfertigung.

Das Orientierungs- und Leitsystem soll unter der Voraussetzung einer sinnvollen Platzierung die Orientierungsmöglichkeit unterstützen. Auch für Nutzer, die den Weg wissen, können Schilder eine leitende Funktion besitzen und dazu beitragen, dass sie die Orientierung behalten.

Wesentliche Gestaltungselemente des Beschilderungssystems wie der Schilder und Lagepläne sind deren Größe, die Schriftart und -größe, die verwendeten Farben, die Form, das Material und gegebenenfalls die Marke „Bibliothek". Bei der in Bibliotheken vorgenommenen Beschriftung der Zeitungen durch die Originalschriften der Titel wird die Erkennbarkeit erhöht. Das verwendete Material sollte bei Beleuchtung keine Blendeffekte erzeugen. Die Kennzeichnung mit dem Namen oder dem Logo der Bibliothek schafft u. a. Eindeutigkeit und Einprägung durch Wiedererkennung. Lagepläne, die die Platzierung der Bereiche kennzeichnen, können mit der Regalaufstellung oder ohne ausgeführt werden. Ein Plan mit der Verzeich-

---

[36] Die rechtliche Handhabung muss berücksichtigt werden. Die Abbildung der ASB ist zurzeit nach Auskunft des Berufverband[es] Information Bibliothek e. V. für die ersten drei Gliederungsebenen urheberrechtsfrei sowohl in der Bibliothek als auch auf den Internetseiten möglich, wenn dort keine direkte Verknüpfung mit dem OPAC besteht.

nung der Regalplatzierung sowie klarer Farbmarkierung und Beschriftung stellt die beste Umsetzung für eine gute Orientierung dar. Die Ausführung kann in zwei- und dreidimensionaler Version erfolgen.[37] Bei der Verwendung verschiedener Schilder sollten ihre Gestaltungselemente aufeinander abgestimmt sein.[38] Ziel ist eine möglichst gute Lesbarkeit und Verständlichkeit. Ein weiterer Aspekt ist die für die Beschriftung gewählte Sprache bzw. sind die gewählten Sprachen. Bibliotheken in Ländern mit mehreren Amtssprachen beschriften unter Umständen mehrsprachig. Zudem stellt eine mehrsprachige Beschriftung eine Serviceleistung für fremdsprachige Kunden dar.[39]

Das System sollte in einem gewissen Rahmen über eine ausreichende Anpassungsfähigkeit verfügen, die eigenständige Änderungen durch die Bibliotheksmitarbeiter ermöglicht. Dazu gehören Änderungen der Informationen und des Standorts des Beschilderungssystems. Systemelemente mit der Möglichkeit, gedruckte Seiten aus Papier einlegen zu können, und mit eigener Standfestigkeit, wie freistehende Acrylglasständer, bieten diese Anpassungsfähigkeit. Gedruckt auf Papier können Informationen wie die Lagepläne mit der Systematik zudem in laminierter Version zum Gebrauch in der Bibliothek und als Faltblatt zum Mitnehmen den Kunden zur Verfügung stehen.

Weitere Faktoren sind der Platzierungsort und die Platzierungsart von Lageplänen und Schildern. Der Platzierungsort beinhaltet die sichtbare Platzierung an bedeutenden Orten wie im Eingangsbereich, an Aufzugszugängen und Treppenzugängen. Im Eingangsbereich sollen Informationstafeln und ein Gesamtorientierungsplan den Kunden allgemeine Informationsmöglichkeiten und einen Orientierungsüberblick verschaffen. Das Leitsystem muss von hier aus beginnen und folgerichtig fortgeführt werden, so dass es von jedem Ort aus sinnvoll nutzbar ist. Gesamtorientierungspläne

---

[37] Die Grundlage für eine einfache interne Erstellung der Lagepläne mit der Platzierung stellen die Bauzeichnungen der Gebäudeebenen dar.

[38] Wichtige zu berücksichtigende Faktoren für die Verständlichkeit des Orientierungsplanes zeigt Levine auf.

[39] Digitale Bibliotheken bieten ihren Nutzern normalerweise die Benutzeroberfläche in verschiedenen Sprachen an.

und Detailpläne sowie Schilder und die Regalbeschriftung sollten innerhalb der Bereiche den Kunden informieren. Die Platzierung des Lageplans und der Systematik u. a. neben dem OPAC empfehlen sich. Die Platzierungsart impliziert den gewählten Anbringungswinkel der Schilder. Während Schilder in der Regel vertikal angebracht werden, ist bei Orientierungsplänen zur besseren Verständlichkeit die horizontale Anbringung zu bevorzugen, in beiden Fällen unter zusätzlicher Berücksichtigung des Neigungswinkels.

Regale oder Regalreihen können beschriftet und nummeriert werden. Die Nummerierung kann in Zusammenhang mit der weiteren Beschriftung und dem Lageplan die Suche erleichtern.

> In der Stadtbücherei Frechen sind die Regale des Sachbereiches auf dem oberen Regalabschluss nummeriert; die Lagepläne der Aufstellung mit der entsprechenden Nummerierung liegen neben den Rechnern mit OPAC aus.

> In der Stadtbibliothek und dem Stadtarchiv Zofingen (Schweiz) ist die Beschriftung direkt auf den Regalstirnseiten ausgeführt.

Interessenkreise und damit auch Interessenkreisaufkleber sollten möglichst eindeutig vergeben werden. Dies erfolgt nicht immer, beispielsweise wird ein Titel auf den verschiedenen Exemplaren mit jeweils unterschiedlichen Interessenkreisen versehen oder die Titel einer Reihe werden verschiedenen Interessenkreisen und damit unter Umständen verschiedenen Standorten zugeordnet.

> Die Beschriftung eines Buchtitels, dessen beiden Exemplare in einer Öffentlichen Bibliothek mit verschiedenen Interessenkreisaufklebern, „Science Fiction" und „Thriller", versehen sind, zeigt das Beispiel in Foto 40.

Die Beschilderung muss mit der Platzierung übereinstimmen. Das heißt bei einer Änderung der Platzierung ist das gesamte System mit Lageplänen, Leitschildern, Regalbeschriftung usw. anzupassen.

> Das Beispiel in einer Öffentlichen Bibliothek mit der Platzierung des Bereiches *Heimatkunde* (D) und der nicht übereinstimmenden Beschriftung aus dem Bereich *Geographie* mit „Cl Australien/Neuseeland" zeigt Foto 41.

Auch bei zeitlich befristet umplatzierten Bestand bei beispielsweise Umbauten sollte eine entsprechende Beschilderung einschließlich eines Lageplans eine schnelle Orientierung ermöglichen. Ebenso kann der Kunde über geplante Standortänderungen informiert werden.

In der Zentralbibliothek der Bücherhallen Hamburg werden den Kunden bereits während des dortigen Umbaus in 2010 und dem anschließendem Umzug der Abteilungen bis Sommer 2011 auf der Internetseite die Lagepläne mit den zukünftigen Standorten der Bereiche angezeigt.

Die folgenden Beispiele zeigen die Umsetzung von Beschilderungen in Bibliotheken und dem Buchhandel.

Eine vertikale Beschriftung der „Bestseller" ist in der Stadtbibliothek Bergheim ausgeführt. Die Platzierung findet im Erdgeschoss statt. (Siehe Foto 42.)

In der Zentralbibliothek der Stadtbibliothek Köln sind auf der ersten bis zu der vierten Etage jeweils ein beleuchtetes Schild mit den Beschriftungen „Wissenswelt", „Literaturwelt", „Lernwelt" und „Soundpool" angebracht. Im Rahmen der Zusammenführung von Beständen wie der Bereiche *Belletristik* und *Literaturwissenschaft* auf eine Etage und der Einbindung des Heinrich-Böll-Archivs und der Sammlung Literatur in Köln in der Bibliothek war im Mai 2009 das erste Schild „Literaturwelt" angebracht worden. Die gesamte Beschriftung wurde in 2009 fertiggestellt. (Siehe Foto 43.)

Die Stadtbibliothek Reutlingen hat in ihrer Musikbibliothek eine Beschriftung mit Zeichnungen, die Musizierende mit Musikinstrumenten darstellen, umgesetzt. (Siehe Foto 44 und Foto 45.) Diese wurde von einer Marketingagentur mit Illustrationen aus „Music. A Pictorial Archive of Woodcuts and Engravings", selected by Jim Harter, ausgeführt.

Die Stadtbücherei Frechen hat für die gute Erkennbarkeit des Bereiches „Elternbibliothek" die entsprechende Beschriftung über dem Bereich angebracht. (Siehe Foto 46.) Den Kunden steht in der Bibliothek ein Lageplan, in dem schematisch die Bereiche kenntlich gemacht sind, an einer Säule angebracht zur Verfügung. (Siehe Foto 47.) In dem Faltblatt „Mehr als Lesen ..." sind auch die Lagepläne der Bücherei abgebildet. Dieser Flyer, der Neukunden bei der Anmeldung überreicht wird, liegt als Ausdruck in der Bücherei aus sowie wird auf der Internetseite angeboten.

Die Stadtbibliothek Schleiden hat die Regalbeschilderung, wie oben genannt, und den Lageplan farblich entsprechend der Cluster in Grün für Cluster 2 und Rot für Cluster 1 umgesetzt. (Siehe Foto 48, Foto 49 und Lageplan 1.)

In der Stadtbücherei Pulheim besteht ein gesamtheitliches Orientierungs- und Informationssystem mit der Beschriftung, den Lageplänen und der Systematik. Die Schilder und Ständer sind in Acrylglas ausgeführt. An dem Ständer mit der Systematik steht diese auch als Ausdruck zum Mitnehmen zur Verfügung. (Siehe Foto 50 und in Kapitel 2.2.2 Foto 37.) Auf der Internetseite der Stadtbücherei werden über die Links „Medien" und „Medienaufstellung" die Lagepläne der drei Etagen sowie die Systematik der *Belletristik*, der Sachbereiche und der Kinder- und Jugendliteratur und Themen der Aufstellung der audiovisuellen Medien angezeigt. (Siehe Lageplan 2 und Screenshot 1.)

In den Zentralbibliotheken der Stadtbibliothek Hannover und der Stadtbibliothek Köln stehen für die Kunden Zettel mit der genutzten Systematik und der Information, auf welcher Etage der Bereich platziert ist, zur Verfügung. (Siehe Foto 51.)

In der Zentralbibliothek der Stadtbibliothek Bremen steht neben der „Bücherbühne" ein Ständer mit einer Einlegemöglichkeit für ein DIN-A4-Blatt, das für die Beschriftungen verwendet wird. Die Beschriftung für die Befristete Platzierung mit dem Logo der Stadtbibliothek nennt u. a. die Bezeichnung „Bücherbühne", den Titel der Medienplatzierung und die Zeitdauer.

Die Beschriftung bei klar abgegrenzter Platzierung im Regal bei den Romanen nach der Neuplatzierung in der Stadtbibliothek Siegburg zeigt das bereits genannte Beispiel in Foto 52.

Zwei Beispiele einer an die Thematik der Beschriftung angepassten Schriftausführung aus dem Buchhandel für „Modernes Antiquariat" in der Buchhandlung M. Kaiser und „Bücher-Frühling 2009" in der Buchhandlung Rotgeri zeigen Foto 53 und Foto 54.

Eine zusätzliche Möglichkeit bietet ein digitales Orientierungs-, Leit- und Informationssystem, das auf den elektronischen Seiten der Bibliothek aufgezeigt wird. Bei digitalen Ausführungen können Verknüpfungen der Systematik und dem elektronischen Katalog mit dem Lageplan bestehen, in dem der Standort der Bereiche oder des Mediums angezeigt wird sowie Fotos oder sonstige Animationen eingebunden sind.[40] Bei einem digital präsentierten Gebäudeschnitt mehrgeschossiger Gebäude bietet sich eine Verknüpfung mit den Lageplänen der jeweiligen Etagen an. Ein digitaler Lageplan sollte den Kunden zunächst in seiner Grundform mit der gesamten Platzierung in der Bibliothek zur Verfügung stehen und erst als Zusatzfunktion über den OPAC mit den Standorten der gesuchten Medien eingebunden werden. Bei der Platzierung der Systematik auf der Internetseite der Bibliothek kann über deren Ebenen eine Verknüpfung mit dem Katalog und damit ein Zugriff nach der Systematik erfolgen. Zusätzliche Erklärungen und die entsprechende Information, auf welcher Etage der Bereich platziert ist, können die Abbildung ergänzen.

Mobile Internetseiten und andere Anwendungen, die sich den Oberflächen der verschiedenen Endgeräte wie Mobiltelefonen anpassen, geben auch für diese Geräte Möglichkeiten, z.B. die Suche im Katalog der Bibliothek und einen Lageplan der Regalaufstellung, gegebenenfalls mit Standortanzeige der recherchierten Medien, zu integrieren.

Die folgende Abbildung 10 und Abbildung 11 zeigen eine Zusammenstellung von Öffentlichen Bibliotheken, die auf ihren Internetseiten digitale Lagepläne und die Systematik abbilden, und die dazugehörige Internetadresse.[41] Die Abbildung 10 unterscheidet die Lagepläne, die die Regalaufstellung mit eingezeichnet haben von denen, die nur die Bereiche markiert haben. Weitere Unterschiede in der Ausführung bestehen u.a. in der Farbigkeit und einer Animation, wie die Integration von Fotos in den Lageplan.

---

[40] Möglichkeiten der Ortung von Medien und die Führung des Kunden in der Bibliothek bieten entsprechende Systeme wie durch Global Positioning System (GPS) und Radio Frequency Identification (RFID).

[41] Die Lagepläne geben zugleich auch einen Überblick über die Platzierung in den Bibliotheken.

Im Anschluss an die beiden Abbildungen werden Beispiele zu der Umsetzung digitaler Beschilderung in Öffentlichen und Wissenschaftlichen Bibliotheken aufgezeigt.

Abbildung 10: Lagepläne - Öffentliche Bibliotheken

Bibliothek	Lageplan mit Bereichskennzeichnung - Internetseite
Stadtbibliothek Aachen, ZB	http://www.aachen.de/DE/stadt_buerger/bildung/oeffentliche_biblio thek/dokumente_oebi/orientierungsplan_website_pdf.pdf
Stadtbücherei Ahlen	http://www.ahlen.de/bildung-kultur/stadtbuecherei/virtueller-rund gang/
Stadtbibliothek Bad Homburg v. d. Höhe	http://www.bad-homburg.de/sc/Kultur_Bildung/StadtBibliothek/ Welten_Erdgeschoss/4027341.asp http://www.bad-homburg.de/sc/Kultur_Bildung/StadtBibliothek/ Welten_1__Obergeschoss/4027342.asp http://www.bad-homburg.de/sc/Kultur_Bildung/StadtBibliothek/ Welten_2__Obergeschoss/4011084.asp
Stadtbücherei Bamberg, HS	http://www.stadtbuecherei-bamberg.de/Plaene/Plan-EG.html http://www.stadtbuecherei-bamberg.de/Plaene/Plan-OG1.html http://www.stadtbuecherei-bamberg.de/Plaene/Plan-OG2.html
Stadtbücherei Biberach an der Riß	http://www.biberach-riss.de/index.phtml?object=tx|1515.52.1& ModID=7&FID=1516.235.1&sNavID=1516.146&mNavID=15 15.28&NavID=1516.146.1&La=1 http://www.biberach-riss.de/media/custom/1516_263_1.PDF
Lebendige Bibliothek Bottrop, Z	http://www.bottrop.de/stadtleben/bildung/bibliothek/filialen/Zentral bibliothek.php
Stadtbibliothek Braunschweig	http://www.braunschweig.de/kultur_tourismus/bibliotheken_archive /stadtbibliothek/angebot.html http://www.braunschweig.de/kultur_tourismus/bibliotheken_archive /stadtbibliothek/angebot_musik.html http://www.braunschweig.de/kultur_tourismus/bibliotheken_archive /stadtbibliothek/belletristik.html http://www.braunschweig.de/kultur_tourismus/bibliotheken_archive /stadtbibliothek/OHA.html
Stadtbibliothek Chemnitz	http://www.stadtbibliothek-chemnitz.de/die-stadtbibliothek/zentral bibliothek/lageplaene.html
Stadtbibliothek Darmstadt, HS	http://www.darmstadt.de/fileadmin/Bilder-Rubriken/Leben_in_Darm stadt/bildung/stadtbibliothek/pdf-dateien/JLH_Orientierungsplan.pdf
Stadtbibliothek Göttingen, ZB	http://stadtbibliothek.goettingen.de/zentralb.htm http://stadtbibliothek.goettingen.de/og1.htm http://stadtbibliothek.goettingen.de/og2.htm http://stadtbibliothek.goettingen.de/og3.htm http://stadtbibliothek.goettingen.de/eg.htm
Stadtbibliothek Ludwigsburg	http://www.stabi-ludwigsburg.de/

Bibliothek	Lageplan mit Bereichskennzeichnung - Internetseite
Stadtbibliothek Melle	http://www.stadtbibliothek-melle.de/die_stadtbibliothek/vorstellung.html
Stadtbücherei Pulheim	http://www.stadtbuecherei.pulheim.de/stb-medien/medienaufstellung/index.php
Stadtbibliothek Ratingen, HS	http://stadtbibliothek.ratingen.de/1medienzentrum.html http://stadtbibliothek.ratingen.de/1foto_grundriss_1og.html http://stadtbibliothek.ratingen.de/1foto_grundriss_2og.html http://stadtbibliothek.ratingen.de/1foto_grundriss_eg.html http://stadtbibliothek.ratingen.de/1foto_grundriss_gg.html
Stadtbibliothek Ulm, ZB	http://www.ulm.de/kultur_tourismus/bibliotheken_und_literatur/1_obergeschoss.30577.3076,3963,3669,30713,30573,30577.htm http://www.ulm.de/kultur_tourismus/bibliotheken_und_literatur/2_obergeschoss.30580.3076,3963,3669,30713,30573,30580.htm http://www.ulm.de/kultur_tourismus/bibliotheken_und_literatur/3_obergeschoss.30581.3076,3963,3669,30713,30573,30581.htm http://www.ulm.de/kultur_tourismus/bibliotheken_und_literatur/orientierung.30589.3076,3963,3669,30713,30573,30589.htm
Stadtbücherei Westerstede	http://www.stadtbuecherei-westerstede.de/index.php?id=68 http://www.stadtbuecherei-westerstede.de/index.php?id=67
Bibliothek	**Lageplan mit Regalaufstellung - Internetseite**
Stadt- und Landesbibliothek Dortmund, ZB	http://bibliothek.dortmund.de/template0-33.html
Stadtbibliothek Luckenwalde	http://bibliothek.luckenwalde.de/index.php?option=com_content&task=view&id=22&Itemid=39
Mediathek Neckarsulm	http://www.mediathek-neckarsulm.de/medien_finden.asp
Stadtbibliothek Pforzheim, Z	http://www.stadtbibliothek.pforzheim.de/oeffnungszeiten/virtueller-rundgang.html
Stadtbibliothek Reutlingen, HS	http://195.189.92.46/bibliotheken/hauptstelle/erwachsenenbibliothek/uebersichtsplan-1 http://195.189.92.46/bibliotheken/hauptstelle/kinderbibliothek/uebersichtsplan http://195.189.92.46/bibliotheken/hauptstelle/musikbibliothek/uebersichtsplan-1 http://195.189.92.46/bibliotheken/hauptstelle/studienkabinett/uebersichtsplan-1
Kreis- und Stadtbibliothek Vilsbiburg	http://www.bibliothek-vilsbiburg.de/aufstellungsplan.php
Stadtbücherei Waiblingen	http://www.stadtbuecherei.waiblingen.de/
Stadtbücherei Wilhelmshaven	http://www.stadtbuecherei-wilhelmshaven.de/

Abbildung 11: Systematiken - Öffentliche Bibliotheken

Bibliothek	Systematik - Internetseite
Stadtbücherei Altena	http://stadtbuecherei.de/index.php?option=com_content&view=article&id=92&Itemid=88 http://stadtbuecherei.de/index.php?option=com_content&view=article&id=146&Itemid=105
Stadtbibliothek Artern	http://www.artern.de/service/stadtbibliothek/klass.htm
Stadtbibliothek Braunschweig	http://www.braunschweig.de/kultur_tourismus/bibliotheken_archive/stadtbibliothek/lesesaalsystematik.html http://www.braunschweig.de/kultur_tourismus/bibliotheken_archive/stadtbibliothek/medien/medien/PDF_Musiksystematik_Tontraeger.pdf http://www.braunschweig.de/kultur_tourismus/bibliotheken_archive/stadtbibliothek/medien/medien/PDF_Musiksystematik_Noten.pdf
Stadt- und Landes-bibliothek Dortmund	http://bibliothek.dortmund.de/template0-33.html
Städtische Bibliotheken Dresden	http://www.bibo-dresden.de/2/index_2.html
Stadt- und Regional-bibliothek Erfurt	http://www.erfurt.de/ef/de/leben/bildung/bibliotheken/stur_benutzung/23949.shtml
Stadtbibliothek Gießen	http://www.giessen.de/index.phtml?NavID=684.261&La=1 http://www.giessen.de/media/custom/684_4751_1.PDF?loadDocument&ObjSvrID=684&ObjID=4751&ObjLa=1&Ext=PDF&_ts=1240997347 http://www.giessen.de/media/custom/684_1448_1.PDF?loadDocument&ObjSvrID=684&ObjID=1448&ObjLa=1&Ext=PDF&_ts=1240998401 http://www.giessen.de/media/custom/684_1449_1.PDF?loadDocument&ObjSvrID=684&ObjID=1449&ObjLa=1&Ext=PDF&_ts=1240998440
Stadtbibliothek Göttingen, ZB	http://stadtbibliothek.goettingen.de/zbplan.htm
Stadtbücherei Nordenham	http://www.stadtbuecherei-nordenham.de/index.php?option=com_content&task=view&id=32&Itemid=2
Stadtbücherei Pulheim	http://www.stadtbuecherei.pulheim.de/stb-medien/medienaufstellung/index.php
Stadtbibliothek Ratingen	http://stadtbibliothek.ratingen.de/1wo_steht_was.html
Stadtbibliothek Stade	http://www.stadt-stade.info/default.cfm?DID=1581474
Stadtbücherei Tübingen	http://www.tuebingen.de/19_3848.html
Stadtbibliothek Ulm, ZB	http://www.ulm.de/kultur_tourismus/bibliotheken_und_literatur/zentralbibliothek.30573.3076,3963,3669,30713,30573.htm

Die Stadtbücherei Schweinfurt zeigt auf der Internetseite eine Skizze des Gebäudeschnitts mit den vier Etagen. (Siehe Lageplan 3.) Ebenfalls steht die Zeichnung, in einer anderen Ausführung, auf einem Faltblatt zur Verfügung, das Neukunden mit einer Erläuterung der Platzierung überreicht wird, sowie hängt sie im Aufzug im Format DIN A3 aus.

Die Zentralbibliothek der Stadtbibliothek Aachen zeigt einen Lageplan mit den Ebenen der vier Etagen, in dem die Bereiche markiert sind. (Siehe Lageplan 4.)

Auf der Internetseite der Stadtbibliothek Göttingen sind die Lagepläne mit den gebildeten, farbig markierten Gruppen angeboten, siehe Lageplan 5, sowie die Bereiche nach der Systematik aufgelistet. Diese sind jeweils mit dem Lageplan verlinkt, in dem die Gruppe des Bereichs Rot auf dem ansonsten in Grau hinterlegten Plan markiert ist.

In der Hauptbibliothek der Stadtbücherei Waiblingen besteht bei der Suche im OPAC die Möglichkeit, sich den Standort des Mediums über einen Link zum Lageplan mit Regalaufstellung anzeigen zu lassen. In dem Plan mit gelb gehaltenen Regalen ist der Standort Rot markiert. (Siehe Lageplan 6.) Zudem ist die Marke Stadtbücherei Waiblingen mit der Adresse abgebildet.

In der Zentralbibliothek der Universitätsbibliothek Kaiserslautern steht den Kunden der Lageplan mit der Regalaufstellung zur Verfügung. Dieser wird auf der Internetseite der Zentralbibliothek neben Fotos der Bibliothek und dem Lageplan mit dem Standort des Gebäudes angezeigt. Der Plan mit dem Logo der Universitätsbibliothek kennzeichnet den Bestand der Lehrbuchsammlung und den sonstigen Bestand durch farblich in Rot und Blau markierte Regale. Er wurde intern durch den Bereich Öffentlichkeitsarbeit erstellt. (Siehe Lageplan 7.)

In der Universitätsbibliothek Cottbus und der Bibliothek der Universität Konstanz besteht für den Nutzer nach der Recherche im OPAC die Möglichkeit, sich über den Link „Wegweiser" bzw. den Link „Find Me" den Lageplan mit dem Standort des Mediums anzeigen zu lassen. In den Lageplänen werden die Regalreihen des gesamten Bereiches bzw. wird die entsprechende Regalreihe farblich anders hervorgehoben. (Siehe Lageplan 8 und Lageplan 9.)

Die Cambridge University Library (Großbritannien) bietet auf ihrer Internetseite über den Button „Plan your visit" eine „Location map" der Bibliothek und den „Library floorplan" des ersten Stockwerkes an. Neben dem Lageplan ist eine Liste der verschiedenen Räume sowie Bestände aufgezeichnet, deren Lage bzw. Standort bei ihrer Auswahl auf dem Plan Rot angezeigt wird.

Die Stadtbibliothek Braunschweig bietet die Systematik des Lesesaalbestandes, der Musiktonträger und der Noten auf der Internetseite an.

Die Städtischen Bibliotheken Dresden bieten u. a. die Systematik für die Sachgebiete, die *Belletristik* und die Systematik der Musikbibliothek mit Büchern, Noten und Tonträgern mit einer unterschiedlichen Anzahl von Gliederungsebenen an.

Einen Zugang nach der Systematik zum Online-Katalog bieten die Niedersächsische Staats- und Universitätsbibliothek Göttingen und die Universitätsbibliothek Lüneburg an. Die Systematik kann mit den Untergruppen bis zu der dritten Ebene auf der Internetseite eingesehen werden. Auf der dritten abgebildeten Ebene erfolgt ein Zugriff auf den Katalog, der die Medien dieser Gruppe anzeigt. Über den OPAC der Universitätsbibliothek Lüneburg besteht die Möglichkeit, sich für ein ausgewähltes Medium auf dem Lageplan farbig markiert den „Standort des Titels anzeigen", wie der Link genannt wird, zu lassen.

Eine mobile Internetseite für das Handy bietet die Universität zu Köln an. Dort stehen beispielsweise Lagepläne mit Standortanzeige der Einrichtungen wie der Universitäts- und Stadtbibliothek zur Verfügung und ist die Suche im Online-Katalog der Bibliothek möglich.

In der Iowa City Public Library (Vereinigte Staaten von Amerika) werden den Kunden auf der klassischen Internetseite der Bibliothek die Lagepläne der beiden Etagen mit der Regalaufstellung als Bild eingebunden und als pdf-Dokument sowie über die OPAC-Suche mit markierter Standortanzeige im Lageplan angeboten. Zudem besteht eine mobile Internetseite für die Nutzung mit mobilen Geräten. Der Kunde kann im Online-Katalog suchen und bekommt das gefundene Medium u. a. mit, soweit vorhanden, der Abbildung des Titelcovers und einer Standortangabe, auf welcher Etage das Buch platziert ist, angezeigt. Über die Links „Library Information" und „Floor Map" werden die Lagepläne mit den eingezeichneten Regalen der ersten und zweiten Etage angezeigt.

Zusätzliche Maßnahmen zur Unterstützung der Orientierung des Kunden sind Bibliotheksführungen. Sie können als regelmäßige wie wöchentlich, monatlich und saisonal durchgeführte oder individuelle nach Terminabsprache stattfinden. Das Angebot von Audioführungen ermöglicht den Kunden die unabhängige, eigenständige Erschließung der Bibliothek. Integriert in die Mediensuche könnte der Kunde sich verbal an den Standort führen lassen. Bibliotheksführungen können auch für Erwachsene einfallsreich und mit thematischem Schwerpunkt gestaltet sein.

Die Stadtbibliothek Wolfsburg bietet in den Zentralbibliotheken und den Bibliotheksfilialen Einzel- und Gruppenführungen an. In der Erwachsenenbibliothek finden ungefähr eine Einzelführung im Quartal und drei Gruppenführungen im Monat statt.

Hörführungen bieten das Bibliothekszentrum Geisteswissenschaften der Goethe-Universität Frankfurt am Main und die Zentralbibliothek der Universität Passau an. Die erstgenannte Bibliothek bietet eine Audioführung mit einer Dauer von ungefähr 45 Minuten an, die den Hörer durch die Bibliothek führt und die Nutzung durch die Durchführung von Aufgaben vermittelt. Die zweite Bibliothek informiert in einer ungefähr 15-minütigen Hörführung über ihre Räume und Nutzungsbedingungen. Die Hörführungen stehen auf den Internetseiten der Bibliotheken als Download zur Verfügung und können auch mit den Abspielgeräten entliehen werden.

In vielen Öffentlichen Bibliotheken erfolgt keine ganzheitliche Umsetzung eines Orientierungs-, Leit- und Informationssystems. Außer der Beschriftung sollten den Kunden insbesondere die Lagepläne mit der Platzierung und die verwendete Systematik der Bibliothek aufgezeigt werden.

Die folgenden Fotos und Abbildungen zeigen einige der Beispiele von Ausführungen für Beschriftungen, Lagepläne und Systematiken in Öffentlichen und Wissenschaftlichen Bibliotheken und in Buchhandlungen.

Foto 40: Ungleiche Interessenkreise eines Buchtitels - Öffentliche Bibliothek

Foto 41: Inkorrekte Fachbrettbodenbeschriftung - Öffentliche Bibliothek

Foto 42: Beschriftung „Bestseller" - Stadtbibliothek Bergheim

Foto 43: Beschriftung „Literaturwelt" - Stadtbibliothek Köln, ZB

Foto 44: Beschriftung Musikbibliothek - Stadtbibliothek Reutlingen, HS

Foto 45: Beschriftung Musikbibliothek „Klavier" - Stadtbibliothek Reutlingen, HS

Foto 46: Beschriftung „Elternbibliothek" - Stadtbücherei Frechen

Foto 47: Lageplan Platzierung - Stadtbücherei Frechen

Foto 48: Beschriftung Sachbereiche - Stadtbibliothek Schleiden

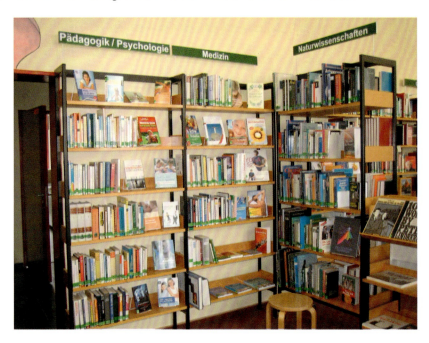

Foto 49: Beschriftung „Belletristik" - Stadtbibliothek Schleiden

Lageplan 1:   Platzierung - Stadtbibliothek Schleiden

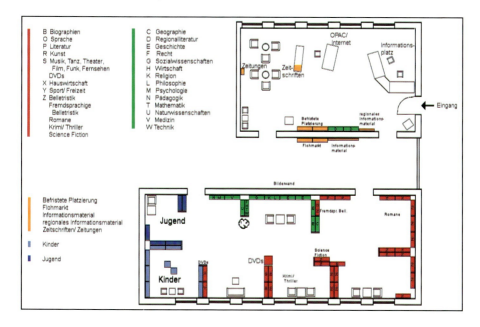

Foto 50: Lagepläne Platzierung und Systematik - Stadtbücherei Pulheim

Lageplan 2:   Platzierung - Stadtbücherei Pulheim

1. Obergeschoss

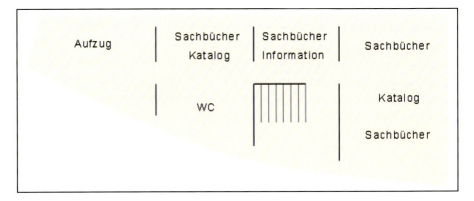

Erdgeschoss

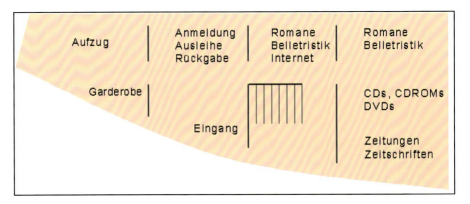

Untergeschoss

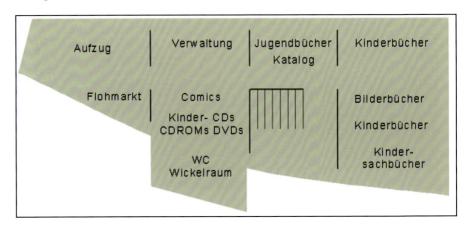

Screenshot 1: Systematik - Stadtbücherei Pulheim

Foto 51: Systematik - Stadtbibliothek Köln, ZB

Foto 52: Beschriftung im Regal Romane - Stadtbibliothek Siegburg

Foto 53: Beschriftung „Modernes Antiquariat" - Buchhandlung M. Kaiser Köln

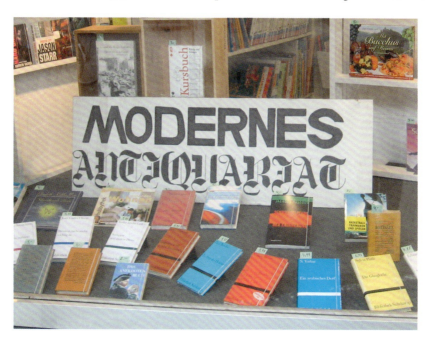

Foto 54: Beschriftung „Bücher-Frühling" - Buchhandlung Rotgeri Euskirchen

Lageplan 3:   Gebäudeschnittskizze - Stadtbücherei Schweinfurt

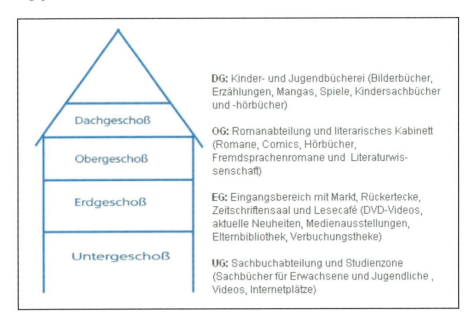

Lageplan 4:   Platzierung - Stadtbibliothek Aachen, ZB

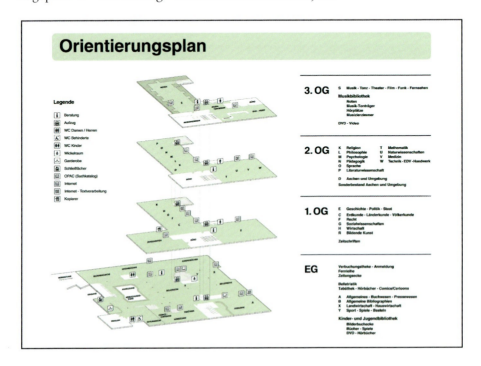

Lageplan 5: Platzierung 2. Obergeschoss - Stadtbibliothek Göttingen

Lageplan 6: Platzierung Erdgeschoss - Stadtbücherei Waiblingen

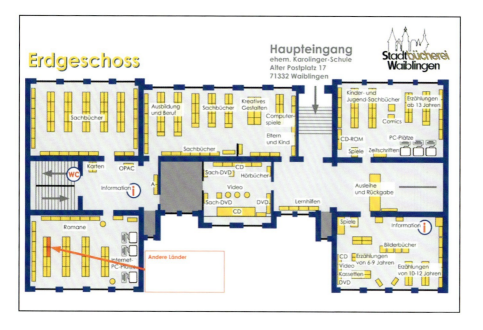

Lageplan 7:   Platzierung 2. Obergeschoss - UB Kaiserslautern, ZB

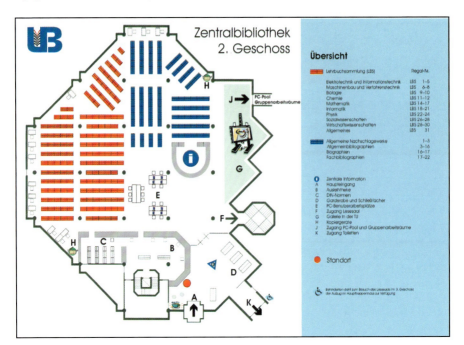

Lageplan 8:   Platzierung 1. Untergeschoss - IKMZ der BTU Cottbus

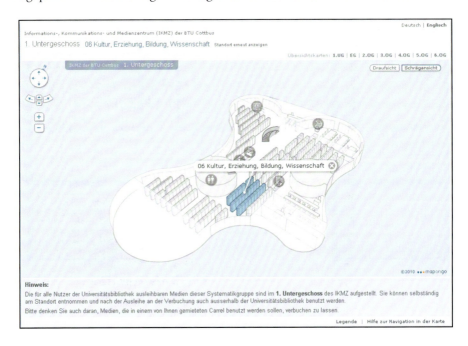

Lageplan 9:   Platzierung Ebene 2 - Bibliothek der Universität Konstanz

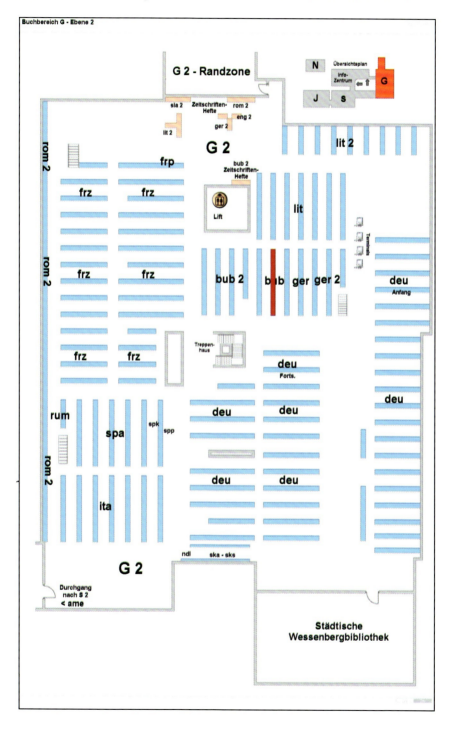

2.2.4 Dekoration

Dekoration dient hauptsächlich dazu, eine anregende Atmosphäre zu schaffen und kann gezielt zur Information und Orientierung eingesetzt werden.

Themenunspezifische Dekoration wie das Aufstellen von Grünpflanzen in der gesamten Bibliothek kann die allgemeine Atmosphäre attraktiver machen, es besteht allerdings kein inhaltlicher Bezug zu den Medien.

Der Einsatz von themenspezifischer Dekoration bei einem Bereich kann seine Erkennbarkeit unterstützen.[42] Mit themenspezifischen Fotos oder Bildern als beispielsweise Wand-, Regal- und Deckendekoration, mit räumlichen Gestaltungsmitteln und auch animierten Dekorationen kann die bestimmte Situation visualisiert werden. Durch die entsprechende Größe und die sichtbare Platzierung von Dekorationsgegenständen wird dem Kunden bereits aus der Entfernung die Information gegeben, um welchen Bereich es sich handelt. Dadurch wird die Orientierung in der Bibliothek erleichtert und zugleich eine entsprechende Atmosphäre erzeugt. Standardbeispiele von Dekorationen bei Dauerplatzierungen sind die Positionierung von Pflanzen im Bereich Garten, eines Aquariums bei Tieren, von Globen bei dem Bereich *Geographie* bzw. *Reise* und von Ansichten der Stadt bei der Regionalliteratur und *Heimatkunde*.

Die in dem Kapitel 2.1.2 genannten Platzierungsgruppen wie Saisonalität können als Befristete Platzierung aufgegriffen und thematisch dekoriert präsentiert werden. Klassische umgesetzte Dekorationen für die präsentierte Literatur sind im Frühjahr Kunstrasen, Blumenerde, Tontöpfe, Gartengerät und Frühlingsblumen und sind im Sommer Stoffe in blauen Farben, um Meer und See zu visualisieren, ergänzt durch Dekorationsgegenstände wie Leuchtturm, Strandhaus sowie Strandkorb.

Dekorationen sollten mit Geschmack gestaltet und nicht überladen sein.

---

[42] Nach Depaoli orientieren sich Kunden im Geschäft fast ausschließlich anhand der Ware und nicht anhand der Beschriftungen.

Eine Dekoration der Befristeten Platzierung der Reiselektüre im Sommer wurde in der Zentralbibliothek der Stadtbibliothek Hannover mit Sonnenschirm, Reisekoffer usw. umgesetzt. (Siehe Foto 55 und Foto 56.)

Zwei Dekorationen zu den Themen „Friedrich von Schiller" und „Frankreich" entstanden bei dem in Kapitel 2.1.2 genannten Seminar „Befristete Platzierungen und Dekoration" in der Stadtbücherei Wesseling. Dekorationsgegenstände zu erstem Thema waren u. a. ein Apfel, Federn und Tintenfass, Leuchter und ein Bild des Autors, zu dem zweiten eine französische Fahne, die Zeitung Le Monde, ein Korb mit Baguette und Flaschen mit französischem Wein und Champagner. (Siehe Foto 57 und Foto 58.)

Einen alten Herd bei den Koch- und Backbüchern präsentiert die Buchhandlung Thalia in Köln am Neumarkt. (Siehe Foto 59.)

Die befristete Dekoration bei Wanderführern und Radführern der Region bildete in der Buchhandlung Thalia in Köln am Neumarkt ein Rucksack mit Wanderstock. (Siehe Foto 60.)

Eine Dekoration zu Büchern zum Thema „Essen und Trinken" mit u. a. einer Flasche Wein, Weingläsern, Kochutensilien, Dekorationsobst und -gemüse in der Buchhandlung Wenz in Köln zeigen Foto 61 und Foto 62.

Eine Verlagswerbung aufgegriffen hat die Philadelphia Buchhandlung in Reutlingen. Sie dekorierte die Bücher wie auf dem Werbeplakat des Verlages abgebildet mit Bügelbrett und Bügeleisen. (Siehe Foto 63.)

Das Thema „Hund" dekorierte die Buchhandlung Rotgeri in Euskirchen mit einem Stoffhund, der auf einer Decke in einer Hütte liegt. (Siehe Foto 64.)

Die folgenden Fotos zeigen die genannten Beispiele von Dekorationen aus Bibliotheken und Buchhandel.

Foto 55: Präsentation „Reiselektüre" - Stadtbibliothek Hannover, ZB

Foto 56: Dekoration „Reiselektüre" - Stadtbibliothek Hannover, ZB

Foto 57: Dekoration „Friedrich von Schiller" - Seminar Stadtbücherei Wesseling

Foto 58: Dekoration „Frankreich" - Seminar Stadtbücherei Wesseling

Foto 59: Dekoration „Alter Herd" - Buchhandlung Thalia Köln

Foto 60: Dekoration „Wanderrucksack" - Buchhandlung Thalia Köln

Foto 61: Dekoration „Essen und Trinken - Kochen" - Buchhandlung Wenz Köln

Foto 62: Dekoration „Essen und Trinken - Wein" - Buchhandlung Wenz Köln

Foto 63: Dekoration „Lesen vs. Bügeln" - Philadelphia Buchhandlung Reutlingen

Foto 64: Dekoration „Hund" - Buchhandlung Rotgeri Euskirchen

2.3 Umsetzung

Die Umsetzung der Platzierung und Präsentation von Medien mit der Finanzierung, Durchführung und Kommunikation wird im Folgenden kurz von insbesondere Befristeten Platzierungen angesprochen. Die Umstellungen von Dauerplatzierungen sind Teil des Kapitels 3 im Rahmen der Beispiele von Neuplatzierungen in Öffentlichen Bibliotheken.

2.3.1 Finanzierung

Die Bibliothek kann neue Platzierungsgruppen als Dauerplatzierungen und als Befristete Platzierungen schwerpunktmäßig aus dem eigenen Bestand mit vorhandenen Bestandsträgern umsetzen. Neue Medien und besondere Bestandsträger erhöhen allerdings die Attraktivität dieser Gruppen. Dies ist bei der Finanzierungsplanung zu berücksichtigen.

Damit regelmäßige Befristete Platzierungen von den zuständigen Mitarbeitern eigenständig durchgeführt werden können, sollte die Höhe des Etats für Medienanschaffungen im Voraus festgelegt sein.

Individuelle oder eigenständige Platzierungsgruppen, d. h. ihre Medien und Bestandsträger, können unter Umständen auch durch externe Finanzierung umgesetzt werden; dies betrifft sowohl Befristete Platzierungen als auch Dauerplatzierungen, wie die folgenden Beispiele zeigen.

> Die Stadtbibliothek Euskirchen hat im Jahr 2008 eine „Eltern-Kind-Bibliothek" eingerichtet, die hauptsächlich über ein Landesprojekt und Sponsoren finanziert wurde.

> In der im November 2009 neu eröffneten Marktbücherei Bad Abbach sind sämtliche 19 Zeitschriftenabonnements von örtlichen Firmen gespendet. Sie werden in einem Zeitschriftenschrank präsentiert, auf dessen Klappen die jeweiligen Unternehmen genannt sind.

> Die Stadtbibliotheken, die Verlagsausstellungen anbieten, wie die oben genannten Städtischen Bibliotheken Dresden, die Stadtbibliothek Berlin-Mitte und die Stadtbibliothek Herten, erhalten die von den Verlagen ausgestell-

ten Medien als Geschenk, als Gegenleistung für die Präsentation in der Bibliothek gesponsert bzw. als Sachspende.

In der Stadtbibliothek Wolfsburg gibt es seit Oktober 2004 die Bestsellerspende. Die Kunden können aktuelle Bestsellerbuchtitel spenden und dafür die Bibliothek einen Monat kostenfrei nutzen.

Das Präsentationsmöbel „Bücherbühne" der Stadtbibliothek Bremen (siehe in Kapitel 2.2.2 <u>Foto 31</u>) wurde von dem Verein „Freunde der Stadtbibliothek Bremen" gespendet.

2.3.2 Durchführung

Die Umsetzung von Platzierungen wird erleichtert durch eine strukturierte Planung. Das Kapitel zeigt die Durchführung von Befristeten Platzierungen auf. Die Umstellungen von Dauerplatzierungen sind, wie oben genannt, beispielhaft in Kapitel 3 dargestellt.

Die Durchführung betrifft u.a. die Bereiche Ziele, Zuständigkeiten, Platzierungsort, Bestandsträger, Zeitplanung, Themen, Medien, Medienlisten, Beschriftung, Dekoration und Dokumentation. Dabei gibt es immer bibliotheksindividuelle Handhabungen, die wie stets von Zielen, Bestand, Kunden usw. abhängen.

Grundsätzliche Ziele von Befristeten Platzierungen sind, die Kunden anzuregen sowie auf Themen und Bestand aufmerksam zu machen. Spezielle Kundengruppen können angesprochen werden, auch um Neukunden zu gewinnen, die Entleihungen insgesamt oder in speziellen Bereichen sollen gesteigert werden, die Pressewirksamkeit soll erreicht werden usw.

Die Zuständigkeiten bei der Durchführung sollten im Voraus festgelegt werden. Diese kann z. B. durch einen oder mehrere Mitarbeiter eines oder mehrerer Fachbereiche erfolgen.

Grundsätzlich sollten die Platzierungsorte mit den Bestandsträgern, mit dem jeweiligen Medienumfang und der jährlichen Anzahl und Dauer der Befristeten Platzierungen festgelegt werden. Der gewählte Platzierungsort, d. h. beispielsweise ein zentraler Ort in der Bibliothek, bei den Bereichen, im Eingangsbereich oder am Hauptgang, ist abhängig von der Raumstruktur mit der Gangführung, der Aufstellung der Dauerplatzierung, der thematischen Ausrichtung der Befristeten Platzierungen, den Zielen der Bibliothek usw. Die Größe der Bestandsträger sollte dem geplanten Umfang der Platzierungen entsprechen. Platzierungen an zentralen Orten sind in größerem Umfang zu planen wie bei den Bereichen.

Ein Zeitplan erleichtert die Planung. Eine Jahresübersicht gibt einen Überblick über sämtliche in einem Jahr geplante bzw. durchgeführte Befristete Platzierungen und deren Standorte. Detailpläne konkretisieren die Vorbereitungszeit, die Dauer und die Nachbereitungszeit der einzelnen Platzierungen. Die Jahresübersicht der Befristeten Platzierungen kann sowohl zur Information der Mitarbeiter als auch der Kunden dienen.

Themen werden unter Umständen für die jeweiligen Platzierungsorte im Voraus grob geplant. Zentrale Platzierungen greifen häufig allgemeine Themen auf und solche bei den Bereichen speziellere. Die Themen können nach verschiedenen Kriterien ausgewählt werden, wobei aktuelle und saisonale Themen Standardumsetzungen darstellen. Zu den Kriterien und Beispielen von Platzierungen in Bibliotheken siehe Kapitel 2.1.2.

Es sollte eine Ausgeglichenheit von Platzierungsort, Medienumfang, Zeitdauer und Thema erfolgen. Bei beispielsweise zwei Platzierungsstandorten von Befristeten Platzierungen in einer Bibliothek kann eine größere Platzierung im Eingangsbereich stattfinden und eine kleinere im hinteren Bereich am Hauptgang der Bibliothek. Die erstgenannte Platzierung kann eine thematische Platzierung sein, die monatlich umgesetzt und langfristiger geplant wird, und die zweite Platzierung eine zu aktuellem Zeitgeschehen, die wöchentlich stattfindet und entsprechend kurzfristig geplant wird.

In der Stadtbibliothek Darmstadt im Justus-Liebig-Haus gibt es verteilt über die Abteilungen an verschiedenen Standorten Befristete Platzierungen. Im Eingangsbereich sind der Bereich „Heute zurück - Sofort entleihbar", der in Kapitel 2.1.2 beschrieben wurde, und der Bereich „Extra-Service" platziert, in der Sachmedien-Abteilung 1 gibt es den Bereich „Wissen eins", in der Sachmedien-Abteilung 2 den Bereich „Wissen zwo", zudem gibt es den Standort „Im Mittelpunkt". Weiterhin sind in der Kinderabteilung

„Auf der Brücke" und „LeseTipps für BücherKids" platziert und in der Romanabteilung das „Thema des Monats" und der „Autor des Monats".

Die Platzierungen finden, bis auf die Platzierung „Im Mittelpunkt" mit 10-mal im Jahr, monatlich statt. Die größte Befristete Platzierung ist „Im Mittelpunkt", bei der ungefähr 300 bis 500 Medien präsentiert werden. Bei den Bereichen „Wissen eins" und „Wissen zwo" sind es ungefähr 25 bis 30 Titel und bei „Thema des Monats" und „Autor des Monats" 10 bis 15 Titel. Die Platzierungen werden ständig durch zurückkommende Medien ergänzt.

Es existiert eine Jahresübersicht über die Platzierungen an allen Standorten. Die Standorte mit den Bezeichnungen der Befristeten Platzierungen sind fast alle in dem Lageplan der Bibliothek verzeichnet.

Es muss eine Auswahl der in der Platzierung zusammenzustellenden Medien erfolgen. Dies betrifft die Medien aus dem Bestand, neu anzuschaffende Medien und Medien, die über Fernleihe beschafft werden sollen. Entliehene, für die Platzierung gewünschte Medien müssen zu einem bestimmten Zeitpunkt vor der Platzierung von der Bibliothek vorgemerkt sowie Neuanschaffungen und Fernleihen besorgt werden. Eine Standortkennzeichnung der befristeten Veränderung des Standortes der Medien, z.B. im OPAC, ist bei längerer Zeitdauer der Platzierung ein Service. Zudem muss der Zeitpunkt der Entleihbarkeit der Medien, d.h. ob sofort oder mit Zeitverzug und gegebenenfalls der Möglichkeit einer Vormerkung, festgelegt werden.

Eine Medienliste gibt dem Kunden eine Übersicht über die präsentierten Medien. Diese kann auch als Auswahlverzeichnis erfolgen. Bestandteile können ein Deckblatt, ein Text zum Thema, die Liste der Titel sowie Adresse und Öffnungszeiten der Bibliothek sein. Die Medienliste kann als Exemplar gedruckt vor Ort und zum Mitnehmen sowie digital im Internet zur Verfügung stehen. Kundenfreundlich ist dabei, die Medientitel der Befristeten Platzierungen als eigene Gruppen über den OPAC einzubinden, da der Kunde dann sofort bei den Titeln die Entleihbarkeit bzw. Vormerkungsmöglichkeit feststellen kann.

Für eine gute Erkennbarkeit sollte die Platzierung beschriftet werden. Optisch kann die Schriftart passend zu dem Thema erfolgen. (Siehe die oben gezeigten Beispiele aus dem Buchhandel in Foto 53 und Foto 54.) Texte und Bilder zu Thema, Autoren und Medien können zudem ausgeführt werden.

Bei der Verwendung einer Dekoration müssen die gewünschten Gegenstände ausgewählt werden. Nicht im Dekorationsbestand vorhandene Gegenstände müssen gekauft, geliehen oder durch einen Sponsor beschafft werden.

Bei der Platzierung müssen die entliehenen Medien laufend durch andere ersetzt werden. Diese können Medien sein, die zunächst noch zurückgehalten wurden, die aus den internen Vormerkungen zurückkommen oder die bereits aus der Ausstellung entliehen waren und zurückgegeben werden.

Die Dokumentation der Befristeten Platzierungen erfolgt insbesondere mit einem Foto, der Medienliste, gegebenenfalls mit Pressemeldungen der Bibliothek und Berichterstattung in der Presse.

Auch Ergebnisse bzw. der Erfolg von Befristeten Platzierungen sollten notiert werden. Die Zahlen der Entleihungen konkretisieren das Ergebnis. Sie können durch die oben genannte Kennzeichnung im OPAC ermittelt werden. Bisher wird der Erfolg durch Entleihungen, außer bei Bestsellern, selten gemessen.

Die Befristete Medienplatzierung und -präsentation kann als einzelnes Angebot stattfinden oder im Rahmen von anderen Angeboten wie Veranstaltungen, wobei sie das Hauptangebot oder das ergänzende Angebot sein kann. Veranstaltungen können z. B. Lesungen, thematische Veranstaltungen wie zum „Tag der Bibliotheken" und zur „Nacht der Bibliotheken" sowie regionale Ereignisse sein. Ausstellungen in Vitrinen, z. B. von historischen Beständen, und Befristete Platzierungen zu demselben Thema können sich ergänzen.

Im Rahmen der jährlichen Hörbuch-Präsentation der „HörGut Berlin-Mitte"
in der Philipp-Schaeffer-Bibliothek finden drei Veranstaltungen mit Lesungen, die aktuelle Hörbücher betreffen, statt.

Die Medienplatzierungen der Hochschul- und Kreisbibliothek Bonn-Rhein-
Sieg fanden in den letzten Jahren insbesondere in dem Zusammenhang zu
Lesungen in der Bibliothek statt.

Zum Jahrestag des Mauerfalls fand im November 2009 in der Stadtbibliothek Wolfsburg im Rahmen der Aktionswoche „Deutschland liest. Treffpunkt Bibliothek" eine Lesung statt. Zur Veranstaltung präsentierte die
Bibliothek eine Medienplatzierung mit dem Thema: „,1989 - Das Jahr
der Freiheit' - 20 Jahre Mauerfall". Es wurde ein Medienverzeichnis zur
Verfügung gestellt. Die ungefähr 40 Medien waren sofort zu entleihen.

Platzierungen, insbesondere Befristete Platzierungen können in Koopera-
tionen stattfinden, beispielsweise mit dem Rathaus, mit wissenschaftlichen
Einrichtungen und Bildungseinrichtungen wie der Hochschule, den Schulen, der Volkshochschule (VHS), mit Dienstleistungsunternehmen wie Rei-
sebüros, mit Verlagen usw.

Die Stadtbibliothek Reutlingen präsentierte im Oktober und November
2008 eine Befristete Platzierung zum Klimawandel zu einer Veranstaltung
der VHS. (Siehe Foto 65.)

Die Zusammenarbeit mit anderen Bibliotheken kann sich ebenso anbieten.
Gerade bei kleineren und mittleren Bibliotheken kann bei Befristeten Platzierungen durch Fernleihe kostengünstig eine größere Anzahl von Medien
zu einem Thema bereitgestellt werden. Ebenso können Dekorationen aus-
getauscht werden. Auch eine Kooperation mehrerer Bibliotheken ist möglich, indem jede Bibliothek eine Befristete Platzierung mit Medien, Beschriftung, Medienliste und Dekoration zusammenstellt und diese, nachdem sie zunächst in der ersten Bibliothek ausgestellt wurde, entsprechend
weitergegeben wird.

Die individuelle Vorgehensweise bei Befristeten Platzierungen in der Gemeindebibliothek Grafenrheinfeld und in der Romanabteilung der Stadt-

bibliothek Herten, zwei Bibliotheken unterschiedlicher Größe, wird nachfolgend aufgezeigt. Auch ihre Kommunikation wird in diesem Zusammenhang dargelegt und damit dem Kapitel 3.3.3 vorweggenommen.

Die Gemeindebücherei Grafenrheinfeld hatte in 2009 einen Bestand von ungefähr 24.000 Medien, über 1.800 Entleiher und über 140.000 Entleihungen. Die Stadtbibliothek Herten hatte im Jahr 2009 einen Bestand von fast 116.000 Medien, davon ungefähr 17.000 der *Belletristik*, fast 8.000 Entleiher und über 763.000 Entleihungen, davon über 119.000 bei der *Belletristik*.

In der Gemeindebibliothek Grafenrheinfeld finden während des ganzen Jahres Befristete Platzierungen statt. Diese werden auf zwei Tischen im Eingangsbereich der Erwachsenenabteilung präsentiert. Die Dauer der Medienplatzierungen liegt zwischen zwei und sechs Wochen. Es werden jeweils zwischen 40 und 70 Medien präsentiert.

Die Themen und Dekorationsmöglichkeiten werden in dem Bibliotheksteam von drei Mitarbeitern besprochen und ein Thema ausgewählt. Die Medien zu dem Thema werden eine Woche vor der Platzierung insbesondere von den zurückgegebenen von den Mitarbeitern gesammelt und Dekorationsgegenstände zusammengestellt. Bei größeren Befristeten Platzierungen zu Veranstaltungen erfolgt eine längere Vorlaufzeit sowie werden eventuell Medien neu angeschafft und über FindUthek, einem Verbund 13 unterfränkischer Bibliotheken, durch Fernleihe besorgt. Dann erfolgt die Umsetzung der Medienplatzierung und -präsentation hauptsächlich durch jeweils einen der Mitarbeiter.

Die Medien sind, außer bei Präsentationen, die im Rahmen von Veranstaltungen wie der „Nacht der Bibliotheken" stattfinden, sofort zu entleihen. In dem anderen Fall können sie vorgemerkt und am darauffolgenden Öffnungstag entliehen werden. Während der Präsentation werden die entliehenen Medien durch andere auf den Bestandsträgern ersetzt. Es findet nur bei größeren Platzierungen eine Erstellung von Medienlisten statt.

Bei den Dekorationsgegenständen existiert zum einen ein Grundbestand, zum anderen werden bei jeder Platzierung individuell Dekorationsgegenstände von den Mitarbeitern zur Verfügung gestellt. Der Grundbestand wurde von dem Veranstaltungsetat finanziert, da es sich um Veranstaltung bezogene Platzierungen wie zum Thema „Herbst" bei dem jährlichen „Tag der Offenen Tür" im Oktober handelte.

Die Gemeindebibliothek informiert auf ihrer Internetseite unter dem Link „Schon Gehört?" über die Themen der aktuellen Befristeten Platzierung und darüber, dass die Medien direkt entleihbar sind.

Ziel der Bibliothek ist es, den Kunden einen Einblick in den Medienbestand der Bibliothek zu geben. Auch ältere Medien werden so in das Blickfeld gebracht und die Kunden auf diese Medien aufmerksam, was ihre Resonanz bestätigt. Die Mitarbeiter und die Kunden schätzen durch die dekorierten Medienplatzierungen die Lebendigkeit und Gemütlichkeit.

Im November 2009 fand in der Gemeindebibliothek Grafenrheinfeld im Rahmen der Aktionswoche „Deutschland liest. Treffpunkt Bibliothek" eine Mittelalterliche Bibliotheksnacht statt, zu der eine Befristete Platzierung über 50 Medien zu dem Thema Mittelalter mit entsprechender Dekoration zeigte. Eine Medienliste stand zur Verfügung. (Siehe Foto 66.)

In der Romanabteilung der Stadtbibliothek Herten werden seit 1998 Literaturplatzierungen umgesetzt. Diese werden im Eingangsbereich der Abteilung auf einem Tisch mit Buchpräsentationsaufstellern und in einem dreiseitigen Regalturm präsentiert. Im Jahr finden sechs Literaturplatzierungen für die Dauer von zwei Monaten statt.[43] Eine Präsentation umfasst mindestens 100 Medien, angestrebt ist eine Anzahl von 150 bis 200, und bei besonders nachgefragten Themen werden auch über 200 Titel präsentiert.

Die gesamte Umsetzung erfolgt durch den für den Romanbereich zuständigen Mitarbeiter und gegebenenfalls als Projektarbeit von Praktikanten oder Auszubildenden.

Bei der Themenfindung steht der Bezug zu Veranstaltungen in der Stadtbibliothek („Nacht der Bibliotheken", ...), zu Ereignissen in der Stadt und der Region (Kulturhauptstadt, ...) oder zu allgemeinen Themen (Gastland der Buchmesse, Jahreszeitlicher Bezug, ...) im Vordergrund. Themen wie das Ruhrgebiet werden in Abständen mit aktueller Literatur erneut präsen-

---

[43] In der Sachbuchabteilung finden abwechselnd Verlagsausstellungen, siehe oben, und Literaturplatzierungen statt, die in der Regel für den Zeitraum von einem Monat präsentiert werden.

tiert. Die Romane in der Bibliothek sind überwiegend nach Interessenkreisen aufgestellt, weshalb gerne Themen, die mehrere Interessenkreise umfassen, umgesetzt werden, wie „Faszination China - Das Reich der Mitte in Romanen" (2008) und „„Friends will be Friends ...' - Freundschaft in Geschichten und Romanen" (2010).

Für die mögliche Umsetzung eines Themas wird zunächst geprüft, ob die Mindestgröße von ungefähr 100 Titeln vorhanden ist. Bei wichtigen Themen oder wenn die Präsentation begleitend zu einer Veranstaltung stattfindet, können auch Titel für die Literaturplatzierung angeschafft werden. Da die Betreuung des Belletristik-Lektorats durch denselben Mitarbeiter erfolgt, ist diese Entscheidung eigenständig.

Aus der gesamten Medienliste wird ein Literaturauswahlverzeichnis mit ungefähr 70 aktuellen und vielfältigen Titeln erstellt, das bis zu neun DIN-A4-Seiten umfasst. Das grundsätzliche Layout der Medienverzeichnisse mit der Verwendung des Bibliothekslogos ist festgelegt. Die für das Deckblatt verwendeten Bildmotive werden ebenso für die Kommunikation auf der Internetseite und im Weblog genutzt.

Ungefähr zwei Wochen vor dem Aufbau der Literaturplatzierung werden entliehene Medien auf ein Lektoratskonto vorgemerkt, und ungefähr eine Woche vorher werden die verfügbaren Bücher herausgesucht.

Schließlich wird der Pressetext, möglichst mit einem aktuellen Bezug, erstellt und direkt nach dem Aufbau der Platzierung freigegeben. Auf der Internetseite der Bibliothek wird zu der aktuellen Platzierung ein Text mit Foto und der Ansprechperson und das neue Literaturverzeichnis eingestellt sowie der Weblog-Artikel freigeschaltet.[44]

Zu der Platzierung wird das Deckblatt des Literaturverzeichnisses als Plakat im DIN-A4-Format aufgehängt und die Pressemitteilung gestellt. Die Präsentationen werden nicht dekoriert.

Während der zweimonatigen Platzierungsdauer werden ständig neue Bücher auf die Bestandsträger nachgelegt.

---

[44] Die Literaturverzeichnisse werden für maximal drei Jahre auf der Internetseite der Bibliothek aufgezeigt.

Die Vorausplanung der Themen für das nächste Jahr erfolgt spätestens im Herbst des Vorjahres, wobei die Planung im laufenden Jahr auch kurzfristig geändert werden kann.

Der Zeitaufwand für die Umsetzung der Befristeten Platzierungen beträgt in Abhängigkeit des Themas für die Literatursuche, für die Gestaltung des Literaturverzeichnisses, für die Pressemitteilung einschließlich der Veröffentlichung auf der Internetseite und im Weblog, dem Abbau der alten und dem Aufbau der neuen Platzierung ungefähr sechs bis elf Stunden.

Ziele der Medienplatzierungen sind u. a. Literaturvermittlung, das Wecken von Interessen bei und das Finden interessanter Bücher von den Kunden, eine attraktivere Präsentation des vorhandenen Medienbestandes sowie die Bereicherung von Veranstaltungen durch passende Medien.

Der Erfolg der Befristeten Platzierungen zeigt sich insbesondere dann, wenn ein Großteil der Bücher nach kurzer Zeit entliehen ist und, auch als ein Erfolg der Pressearbeit, wenn an dem Informationsplatz nach der Platzierung gefragt wird. Bestimmte Themen, z. B. mit einem großen Anteil an Kriminalliteratur entleihen sich absehbar besser, aber es gibt auch überraschende Erfolge wie die Präsentationen mit den WDR-Empfehlungen und die Titel chinesischer Autoren. Meistens werden 30 bis 60, bei großem Interesse auch bis zu 100 Exemplare der Medienverzeichnisse von den Kunden in den zwei Monaten mitgenommen.

Foto 65: Befristete Platzierung „Klimawandel" - Stadtbibliothek Reutlingen, HS

Foto 66: Befristete Platzierung „Mittelalter" - GB Grafenrheinfeld

2.3.3 Kommunikation

Ein wichtiges Element sind Bezeichnungen und Namen, die Individualität und Einprägsamkeit schaffen. Oft wird die Bezeichnung des Bereiches mit dem Wort „Bibliothek" verknüpft. Beispiele sind Schüler-Bibliothek, Karriere-Bibliothek, Eltern-Bibliothek, Senioren-Bibliothek und Krimi-Bibliothek. Auch Kunstwörter werden geschaffen. Die Verknüpfung mit dem Ortsnamen schafft Eindeutigkeit. Dabei kann ein Name auch zur Marke werden.

> Die für die Schüler eingerichtete Platzierungsgruppe wird „Lernbar" in der Stadtbibliothek Langenhagen, „Schulothek" in der Stadtbibliothek Siegburg, „Schülerbibliothek" in der Stadtbibliothek Cuxhaven und „SchülerCenter" in der Gelsenkirchener Stadtbibliothek genannt.

> Die für Jugendliche eingerichtete Platzierungsgruppe wird „B4You" in der Stadtbücherei Elmshorn, „Hallescher Komet" in der Zentral- und Landesbibliothek Berlin, „Hoeb4U" in den Hamburger Bücherhallen und „medien@age" in den Städtischen Bibliotheken Dresden genannt.

> Bezeichnungen für Platzierungsgruppen zum Thema Beruf sind das „Job-Center" in der Stadtbibliothek Herten und die „Job-Karriere-Bibliothek Bochum".

> Die Bezeichnung „Bücherbühne" hat das Präsentationsmöbel für Befristete Platzierungen der Stadtbibliothek Bremen erhalten.

Die Mitarbeiter müssen über die gegebene und zukünftige Bibliotheksgestaltung informiert sein. Bei Neuplatzierungen ist eine gute Kommunikation für die interne Akzeptanz und für die verbale Informationsvermittlung bei den Kunden erforderlich. Kunden und potentielle Kunden müssen über die Platzierungsgruppen und ihre Standorte in der Bibliothek informiert sein. Insbesondere diesbezügliche Neuigkeiten wie Neuplatzierungen, die Bildung einer neuen Platzierungsgruppe, aktuelle Befristete Platzierungen und die Erweiterung des Orientierungs-, Leit- und Informationssystems müssen, möglichst pressewirksam, kommuniziert werden.

Die Informationen können über die Kommunikationsträger Plakat, Handzettel, Faltblatt, Broschüre und das Internet, d.h. die eigene Internetseite, Weblog, Newsletter, E-Mail, SMS usw. vermittelt werden. Auch verbal können Informationen durch die Mitarbeiter an die Kunden kommuniziert werden. Ein weiteres Element der Kommunikationspolitik ist die Öffentlichkeitsarbeit mit der Pressearbeit.

Die „Marke Bibliothek" muss auf allen Kommunikationsträgern klar erkennbar sein.

Auf der Internetseite müssen das Angebot wie die Platzierungsgruppen, Befristete Platzierungen, Lagepläne und Systematik deutlich erkennbar über Links, möglichst von der Startseite aus, gefunden werden können. Neue Medienplatzierungen werden meist über den Link „Aktuelles" mitgeteilt. Zusätzlich können aktuelle Nachrichten der Bibliothek auch auf den Internetseiten der Stadt mitgeteilt werden. Bei der genannten Gruppierung der Medientitel der Befristeten Platzierungen im OPAC kann der Kunde sofort alle Titel mit der Entleihbarkeit bzw. Vormerkungsmöglichkeit überblicken.

Die verbale Kommunikation der Platzierungsgruppen und ihrer Standorte bzw. die Erklärung des Orientierungs-, Leit- und Informationssystems erfolgt meist nicht ausreichend. Neukunden wird bei der Anmeldung in der Regel nur die Benutzerordnung einschließlich der Entgeltordnung ausgehändigt. Entsprechend einer guten Kommunikation des Systems sollten die Systematik und die Regalaufstellung anhand des Lageplans erklärt und dann zusammen als Ausdruck zur Verfügung gestellt werden.

Kommunikationsinhalte bei einer Veröffentlichung von Informationen zu einer aktuellen Befristeten Platzierung sind u.a. die Bezeichnung, der Inhalt, der Zeitraum, der Standort, die Öffnungszeiten und Kontaktdaten. Weitere Angaben können zur Entleihbarkeit gemacht sowie Besonderheiten hervorgehoben werden. Ein Foto der Präsentation visualisiert diese und erhöht die Wiedererkennung in der Bibliothek.

Die Kommunikation hängt auch von der Größe und Attraktivität der Befristeten Platzierung ab. Für eine große Medienpräsentation kann sich unter Umständen eine offizielle Eröffnung anbieten, wobei entsprechende Aufmerksamkeit auch durch Presseberichte für die Bibliothek erzielt wird. Veranstaltungen zu dem Thema der Platzierung, wie Lesungen, Filme und Vorträge können das Thema abrunden.

Die Kommunikation bei einer Zusammenarbeit mit Partnern wie der Stadt oder dem Verlag, der seine Medien in der Bibliothek ausgestellt hat, kann auch durch diese, beispielsweise über deren Internetseiten, erfolgen.

Im Rahmen der Kommunikation steht nicht das eigentliche Gestaltungselement, z. B. die Beschilderung, im Vordergrund, sondern wie dieses kommuniziert wird.

Auf der Internetseite der Stadtbibliothek Ulm werden die Lagepläne mit der Systematik und auf denen der Stadtbücherei Tübingen wird die Systematik der Sachbücher aufgezeigt. (Siehe Screenshot 2 und Screenshot 3.)

Die British Library of Political & Economic Science (Großbritannien) hat die Broschüre „Library Floor Plans", die der Kunde online durchblättern kann, mit einer kurzen Einführung, den Lageplänen der Etagen und der Legende zu diesen über die Internetseite zur Verfügung gestellt.

Die Stadtbibliothek Biel (Schweiz) bietet die Links „Themenliste" mit u. a. den Themen Neuerwerbungen, Biel und Frédéric Chopin und „Auszeichnungen" mit u. a. dem Thema Literatur-Nobelpreisträger an. Es findet eine Zusammenstellung der Medien als Liste über den OPAC statt.

Die Stadtbücherei Elmshorn hat im März 2010 einen Bereich für Jugendliche, die „B4You", mit 2.000 Medien eingerichtet, die einen Zielbestand von 3.000 Medien anstrebt. Nach drei Monaten informierte die Bibliothek die Kunden auf ihrer Internetseite über den Link „Aktuelles" über die in dieser Zeit erreichte hohe Anzahl von Entleihungen mit einem Umsatz von ungefähr drei.

Die Stadtbibliothek Cuxhaven plant die Einrichtung eines Bereiches „Seniorenbibliothek". Der für das Jahr 2011 vorgesehene Bereich soll ungefähr 500 Medien enthalten und wird den Kunden bereits seit dem Jahr 2010 auf der Internetseite angekündigt.

Die Stadtbibliothek Reutlingen präsentiert ihre drei aktuellen Medienaus-
stellungen in der Erwachsenenbibliothek jeweils mit einem Foto auf ihrer
Internetseite. Die Ausstellungen „Heinrich Böll" und „Summertime" im
Juli und August 2010 zeigen Screenshot 4 und Screenshot 5.

Die Stadtbibliothek Thun (Schweiz) präsentiert jeden Monat ein Thema
mit Medien in einem Schaufenster, das durch einen der Mitarbeiter gestaltet wird. Die Themen im Juni und Juli 2010 waren Krimis und Kunst. Auf
der Internetseite erfolgt die Präsentation mit einem Foto und kurzen Text
über die Links „Aktuelles", „Schaufenster und Medienausstellung".

Auch in der Stadtbibliothek Röthenbach a. d. Pegnitz finden regelmäßige
Befristete Platzierungen von Medien statt, die mit einem kurzen Text zu
der Platzierung, der Dauer und einem Foto unter dem Link „Aktuelles"
auf der Internetseite der Bibliothek kommuniziert werden. Thema der Platzierung von April bis Juni 2010 war „Funsport, Trendsport, Extremsport -
Die Klassiker und die neuesten Trends" und von Juli bis September 2010
„Hund, Katze, Maus - Die beliebtesten Haustiere".

Auf der Internetseite der Stadtbibliothek Braunschweig wird unter den
Links „Medienangebot" und „Neuerwerbungen" monatlich eine Auswahl
der Neuerwerbungen der verschiedenen Bereiche wie *Belletristik*, *Film* und
Musik vorgestellt.

Auf die aktuelle Medienausstellung der Hochschul- und Kreisbibliothek
Bonn-Rhein-Sieg wird auf der Internetseite verwiesen. Die Medienlisten
der aktuellen und aller bisherigen Medienausstellungen seit dem Jahr 2004
stehen als pdf-Dokumente zur Verfügung.

Die Eröffnung zu der „Bücherbühne" in der Zentralbibliothek der Stadtbibliothek Bremen im Februar 2009 erfolgte offiziell mit dem Bürger-
meister der Stadt.

Die in der Philipp-Schaeffer-Bibliothek stattfindende, in Kapitel 2.2.2 be-
schriebene Präsentation von aktuellen Hörbüchern, „HörGut Berlin-Mitte",
wird auf der Internetseite der Berliner Öffentlichen Bibliotheken kommuniziert, und unter dem Link zu Kooperationspartnern stehen alle Verlage, die
in den letzten neun Jahren Hörbücher präsentiert und gesponsert haben.

Jedes Jahr wird eine Postkarte in einer Auflage von 12.000 Stück gedruckt, wovon 5.000 über die Bibliotheken verteilt werden. Die Vorderseite ist mit „HörGut Berlin-Mitte" beschriftet, auf der Rückseite sind die Termine der Lesungen im Rahmen der Präsentation, die Adresse der Bibliothek mit den Öffnungszeiten sowie im Hintergrund die Namen der Verlage des jeweils letzten Jahres gedruckt. Der Pressetext wird u. a. über die Pressestelle des Bezirksamtes sowie direkt an Journalisten verschickt. Im U-Bahn-TV „Berliner Fenster" wurde in den letzten Jahren die „HörGut Berlin-Mitte" über Standbilder auf den Fernsehbildschirmen beworben.

Die in der Stadtbibliothek Herten im März und April 2010 stattgefundene Ausstellung des Ingrid Lessing Verlages wurde auch auf den Internetseiten der Stadt Herten und denen des Verlages kommuniziert.

Zur Kommunikation gehört auch der Austausch mit der Fachwelt. Interessante Ideen und Umsetzungen, damit in Zusammenhang stehende erfolgreiche Pressearbeit usw. können in Fachzeitschriften dargestellt, Führungen durch die eigene Bibliothek für Kollegen angeboten und Vorträge dazu gehalten werden. Manche Bibliotheken stellen auf der Internetseite „Informationen für die Fachwelt" zur Verfügung. Fachkommunikation ist auch Öffentlichkeitsarbeit für die Bibliothek sowie stellt Information und gute Anregung für andere Bibliotheken dar.

Die Stadtbücherei Biberach an der Riß bot im Jahr 2010 Medienpräsentationen zu dem Thema „Menschen wollen wissen" an. Themen waren unter anderem Leben, Lernen, Wissen und Zeit. Diese wurden zeitlich befristet für jeweils vier Wochen im Erdgeschoss der Bibliothek präsentiert. Eine Meldung dazu wurde in der Ausgabe 2/2010 der Zeitschrift BuB - Forum Bibliothek und Information bei Nachrichten veröffentlicht.

In der Stadtbücherei Heidelberg fanden zum „Welttag des Buches" 2010 Medienplatzierungen derart statt, dass verteilt über die Bücherei verpackte Bücher mit Empfehlung und Verbuchungscode zur Ausleihe präsentiert wurden. Ein Beitrag in der Ausgabe von 9/2010 in der Zeitschrift BuB - Forum Bibliothek und Information berichtet über die Aktion.

Die folgenden Screenshots zeigen einige der genannten Beispiele der Kommunikation.

Screenshot 2: Platzierung und Systematik Erdgeschoss - Stadtbibliothek Ulm

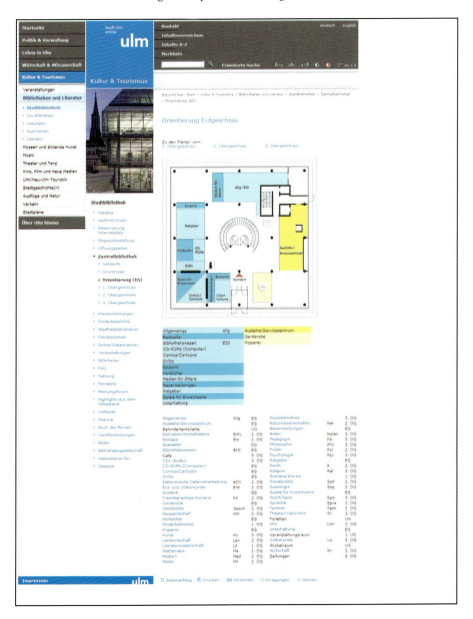

Screenshot 3: Systematik - Stadtbücherei Tübingen

Screenshot 4:   Medienplatzierung „Heinrich Böll" - Stadtbibliothek Reutlingen, HS

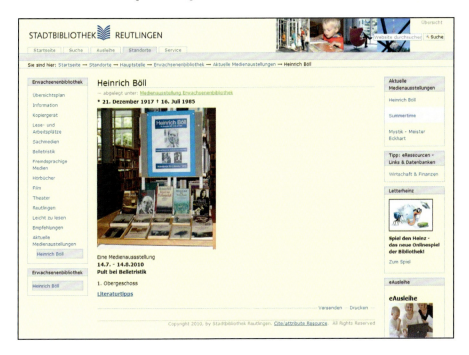

Screenshot 5:   Medienplatzierung „Summertime" - Stadtbibliothek Reutlingen, HS

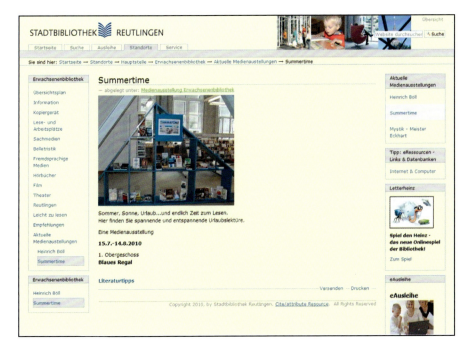

3 Gestaltung in drei Öffentlichen Bibliotheken

In diesem Kapitel werden die Platzierungsanalysen in drei Öffentlichen Bibliotheken in Nordrhein-Westfahlen, der „Stadtbücherei Düsseldorf", der „Stadtbibliothek Siegburg" und der „Stadtbücherei Wesseling", vorgestellt. Die Analysen basieren auf den vom Autor durchgeführten empirischen Erhebungen in der Stadtbücherei Düsseldorf und der Stadtbibliothek Siegburg. Diese sind in dem Buch: Kundenorientierte Platzierung der Medien in Öffentlichen Bibliotheken aufgezeigt.

Es wird jeweils auf die Ist- bzw. ursprüngliche Platzierung und in den Bibliotheken in Düsseldorf und Siegburg auf das Platzierungswissen der Kunden eingegangen, zudem werden Platzierungsvorschläge für eine kundenorientierte Platzierung vorgestellt, es wird auf die Beschilderung sowie in der Stadtbibliothek Siegburg und in der Stadtbücherei Wesseling auf die Umsetzung der vorgenommenen Neugestaltung eingegangen. Die Analysen betreffen die Erwachsenenbereiche der Bibliotheken.

3.1 Stadtbücherei Düsseldorf

Die Stadtbücherei Düsseldorf ist eine Großstadtbibliothek mit einer Zentralbibliothek, in der die Erhebung stattfand und für die die Analyse erfolgt, und 14 Stadtteilbibliotheken. Die Zentralbibliothek liegt am Hauptbahnhof der Stadt Düsseldorf.

Die Zentralbibliothek zeichnet sich durch große Raumtiefen und im Obergeschoss durch geringe Raumhöhe aus. Eine Ausleuchtung mit Tageslicht findet deshalb nur in den Fensterbereichen statt.[45]

Die empirische Erhebung zu der Platzierung in der Zentralbibliothek fand 2004 statt. Entsprechend beziehen sich die Angaben, soweit nicht anders angegeben, auf dieses Jahr.

---

[45] Begründet sind diese baulichen Gegebenheiten in der ursprünglich anders vorgesehenen Nutzung des Gebäudes, in dem sich die Bibliothek befindet.

3.1.1 Ist-Platzierung

Der Freihandbereich umfasste im Jahr 2004 auf 4.700 m² einen Bestand von 409.198 Medien. Der Freihandbestand teilte sich auf den Freihand-ausleihbestand mit 371.326 Medien und den Präsenzbestand mit 37.872 Medien auf. Der Gesamtbestand einschließlich des Magazinbestandes betrug 450.730 Medien.[46] Die Bibliothek verzeichnete im Jahr 2004 801.637 Besucher, 372.035 Entleiher und 2.097.829 Ausleihen.

In der Bibliothek herrscht gradlinige, blockweise versetzte Regalaufstellung vor.

Die in der Bibliothek verwendete Systematik ist die ASB. Der Aufstellung danach wird in der Bibliothek im Wesentlichen gefolgt. Bei der *Belletristik* werden vier Interessenkreise gebildet, die in wenigen Regalen platziert sind.

Die folgende Abbildung 12 zeigt die Lagepläne der Bibliothek.[47] Sie bilden die Platzierung im Jahr 2004 ab. Zwischenzeitliche Änderungen wie die Platzierung der neuen Verbuchungstheke sind nicht erfasst. Die Platzierung der Bereiche ist durch die Beschriftung kenntlich gemacht.

---

[46] Das Magazin besitzt eine Fläche von 600 m².
[47] Die Regalaufstellung ist nicht maßstabgerecht zu dem Raumplan eingezeichnet, wie auch in den folgenden Plänen der Bibliothek.

Abbildung 12: Ist-Platzierung - Stadtbücherei Düsseldorf, ZB

Der Bibliotheksraum mit dem Bestand erstreckt sich in der Stadtbücherei Düsseldorf über zwei Etagen, dem Erdgeschoss mit zwei versetzten Ebenen und dem 1. Obergeschoss.

Als wesentliche Elemente befinden sich im Erdgeschoss im Eingangsbereich ein Informationsplatz, die Anmeldestelle, die Verbuchungsstellen und Rechner zur Recherchemöglichkeit im OPAC sowie im Bereich *Musik* für diesen ein zweiter Informationsplatz. Im Obergeschoss befinden sich drei Informationsstellen sowie Rechner mit Internetzugang bzw. OPAC.

Im Erdgeschoss sind die Bereiche *Allgemeines*, *Zeitungen*, *Belletristik* einschließlich der *Hörbücher* und der *Fremdsprachigen Belletristik*, *Biographische Literatur* als belletristischer Interessenkreis *Biographien*, die Interessenkreise *Frauen*, *Krimi* und *Science Fiction*, *Neue Romane*, der *Großdruck*, *Heimatkunde*, *Geographie*, *Musik* sowie *Musik-CDs* aufgestellt.[48]

Im Obergeschoss führt ein Gang um den verglasten Treppenbereich. An diesem sind die Bereiche *Medizin*, *Naturwissenschaften*, *Mathematik*, *Videos*, *Geschichte*, *Recht* und *Technik* platziert. Angeschlossen sind die Bereiche *CDs/DVDs*, *Sprache*, *Pädagogik*, *Literatur*, *Kunst*, *Tanz*, *Theater und Film*, *Comics*, *Psychologie*, *Philosophie*, *Religion*, *Wirtschaft*, *Sozialwissenschaften*, *Sport und Freizeit* sowie *Land- und Hauswirtschaft*. Am Treppenhauszugang sind Neuanschaffungen platziert.

Die folgenden Fotos geben einen Eindruck von der Bibliothek im Jahr 2010.

---

[48] In der Stadtbücherei Düsseldorf gibt es nur den Bereich *Zeitungen*. *Zeitschriften* sind bei den zugehörigen ASB-Bereichen platziert. Der ASB-Bereich *Musik*, *Tanz*, *Theater und Film* ist getrennt platziert. *Musik* steht im Erdgeschoss, *Tanz*, *Theater und Film* stehen im Obergeschoss.

Foto 67: Belletristik - Stadtbücherei Düsseldorf, ZB

Foto 68: Neue Romane - Stadtbücherei Düsseldorf, ZB

Foto 69: Stirnseitenbeschriftung - Stadtbücherei Düsseldorf, ZB

Foto 70: Platzierung 1. Obergeschoss - Stadtbücherei Düsseldorf, ZB

3.1.2 Platzierungswissen von Bibliothekskunden

Im Juli 2004 wurde in der Stadtbücherei Düsseldorf eine empirische Erhebung der kognitiven Lagepläne der Besucher durchgeführt. Den Probanden wurden u. a. die Lagepläne der Bibliothek vorgelegt, in die sie mit Notationen die verschiedenen Wissens- und Nichtbuchbereiche sowie bei der *Belletristik* die Untergruppen und die Interessenkreise der Bibliothek eintragen sollten. Die Erhebung fand vor dem Bibliotheksbesuch in einem Bereich statt, von dem aus die Bibliothek nicht einsehbar ist. Es wurden 235 Probanden in der Auswertung berücksichtigt.

Für die Analyse des Platzierungswissens wurden die von den Probanden richtig in die Lagepläne eingetragenen Bereiche gewertet.

Die Abbildung 13 zeigt prozentual das Platzierungswissen der Probanden in der Bibliothek.[49]

Abbildung 13: Platzierungswissen - Stadtbücherei Düsseldorf, ZB

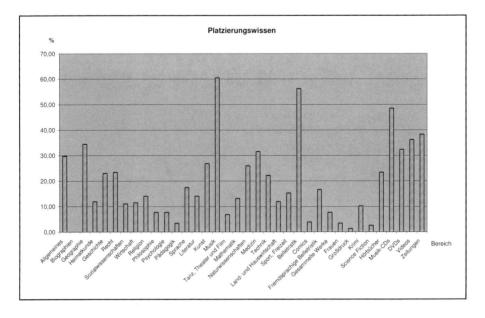

---

[49] Siehe Anlage 3.

Das Platzierungswissen der einzelnen Bereiche ist zum Teil sehr unterschiedlich. Während für Bereiche wie *Musik* (60,43 %),[50] die *Belletristik* (56,17 %), *Musik-CDs* (48,51 %) und *Zeitungen* (38,30 %) das Platzierungswissen der Probanden hoch bzw. relativ hoch ist, ist es bei anderen Bereichen wie *Pädagogik* (3,40 %) gering.

Die Abbildung zeigt, wie oben genannt, nur den Anteil der Probanden, die die Bereiche richtig platzieren konnten. Zählt man die Probanden hinzu, die einen Bereich in unmittelbarer Nähe, d. h. im Nachbarregal platzierten, verbessert sich das Platzierungswissen in der Regel nur geringfügig. Ausnahmen bilden für die Stadtbücherei Düsseldorf die Bereiche *Geographie* (Erhöhung von 34,47 % auf 43,83 %), *Heimatkunde* (von 11,91 % auf 23,83 %), *Sprache* (von 17,45 % auf 28,51 %) und *Land- und Hauswirtschaft* (von 11,91 % auf 25,96 %).

Im Anschluss wurde das Platzierungswissen in Abhängigkeit verschiedener Einflussfaktoren wie der Besuchshäufigkeit, dem Platzierungsort und der Medienart analysiert.[51]

Es zeigte sich tendenziell, dass je häufiger die Bibliothek und der Bereich besucht wird, desto besser das Platzierungswissen ist, doch konnten die Probanden auch unabhängig von der Besuchshäufigkeit einen Bereich auf dem Lageplan bestimmen oder nicht bestimmen.

Beispielsweise ist das Platzierungswissen der Probanden für den Bereich *Musik* unabhängig von ihrer Besuchshäufigkeit größer als das Platzierungswissen der Probanden für den Bereich *Tanz, Theater und Film*, die diesen „sehr oft" und „oft" besuchen.

---

[50] Die Stadtbücherei Düsseldorf ist bekannt für ihre Musikbibliothek, deren Bestand auch durch die Förderung der Bereiche *Kunst* und *Musik* vom Land Nordrhein-Westfahlen besonders ausgebaut ist.

[51] Bei dem Faktor Platzierungsort wurden Kriterien wie die erkennbare Lage an dem Orientierungsfaktor Wand, im Eingangsbereich, Hauptgangbereich oder sonstigem Standort, eine prägnante Einzelplatzierung und eine Platzierung neben einem Bereich, der die, hypothetisch angenommene, kognitive Struktur des Probanden unterstützt, gewählt. Die andere Mediumsart kennzeichnet die gemeinsame Aufstellung von Medienarten, die sich von dem Hauptmedium Buch visuell unterscheiden.

Die Analyse von dem Platzierungsort und der Medienart zeigte zudem die Abhängigkeit des Platzierungswissens von diesen beiden Faktoren, indem es desto besser ist, je einprägsamer der Ort der Platzierung ist und je größer die Unterscheidungsfähigkeit der Medien zu der in der Bibliothek überwiegenden Medienart ist.

Die Existenz kognitiver Zusammenhänge von Bereichen zeigte sich zum Beispiel darin, dass Probanden in den Lageplänen Bereiche nebeneinander eingetragen haben, die nicht nebeneinander platziert sind.

In der Stadtbücherei Düsseldorf haben Probanden den Bereich *Tanz, Theater und Film*, wenn sie die Platzierung nicht wussten, bei *Musik* eingetragen. Auch die Bereiche *Musik-CDs*, *DVDs* und *Videos* wurden von den Kunden zum Teil an einem dieser Standorte gemeinsam vermerkt.

Die Ergebnisse zeigen, dass die Bibliothek gezielt Einfluss auf das Platzierungswissen nehmen kann.

Bei der Benutzererhebung wurden die Kunden in einer freien Antwortmöglichkeit auch zu der Orientierungsfreundlichkeit in der Stadtbücherei sowie nach Anmerkungen zu der Platzierung der Bereiche befragt.

Die folgenden Abbildungen geben die Antworten der Kunden wieder, die die Orientierungsmöglichkeit als unzureichend beurteilten und sich zu damit in Zusammenhang stehenden Aspekten wie der Systematik äußerten.

Abbildung 14: Orientierungsmöglichkeit - Stadtbücherei Düsseldorf, ZB

Alter/Geschlecht	Kundenantworten
20-29	
Männlich	Ich habe den Eindruck, dass die einzelnen Bereiche nicht wirklich (chrono)logisch angeordnet sind.
	Ich finde mich in der Literaturecke nicht zurecht und verstehe die Sortierung nicht.
	Musik und Video näher zusammen wäre von Vorteil!
	Die Schilder.
Weiblich	Einzelne Bereiche (v.a. unbekannte, die man nicht häufig aufsucht) sind schwer zu finden.
	Ein Lageplan der einzelnen Fachbereiche im Eingangsbereich wäre wünschenswert.
	Die Orientierung könnte etwas einfacher sein, Regale unübersichtlich.
	Zu wenig bzw. zu unauffällige Schilder. Vielleicht mit Farben unterscheiden?
	Die Schilder (Hinweise) sind zu unauffällig angebracht.
	EG ist relativ übersichtlich. OG recht unübersichtlich.
	Manchmal fehlt die alphabet. Reihenfolge der Orientierung.
	Die Anordnung der Bereiche an den Buchstaben, die man ständig sucht.
30-39	
Männlich	Ich finde die Orientierung schlecht, verwirrend.
	Im OG: teilweise sehr unübersichtlich, um zu den einzelnen Fachbereichen zu kommen. Am Eingang zu OG: (Treppe) bessere Leitung zu Fachbereichen erforderlich. Öffentlichmachung, Kennzeichnung der einzelnen Fachbereiche muss deutlicher sein!!
	Die Gleichförmigkeit der Einrichtung. (Gleiche Farben, gleiche Teppichböden.)
	Besonders das OG ist auch nach jahrelanger Benutzung verwirrend.
	Im Obergeschoss läuft man oft mehrmals im Kreis, bis man z.B. den Comicbereich gefunden hat.
	Unten (EG) gut wegen viel Platz. Sehr gut die CD-Sammlung. Dort ist das Licht auch sehr angenehm. Oben zu voll, ich finde fast nichts auf Anhieb./ Die Beleuchtung ist überall künstlich, störend und ablenkend./ Die einzelnen Themen sind viel zu klein geschrieben (Regalüberschriften) und versteckt.
	Unübersichtlich.
	Farbliche Akzentuierung der verschiedenen Bereiche, möglicherweise Farbleitsystem zur besseren Wiedererkennung. Gleichförmigkeit, Verwechselbarkeit, Einheitlichkeit.

Alter/Geschlecht	Kundenantworten
30-39	
Männlich	An der Orientierungsfreundlichkeit gefällt mir gar nichts. Ich verlaufe mich immer. Wenn ich ins 1. OG gehe, finde ich den gewünschten Bereich nie auf Anhieb wieder. Sie könnten die Orientierung schon dadurch verbessern, dass Sie nur einzelne Stützen farbig anstreichen würden. Dann würde der Raum nicht überall gleich aussehen, und man wüsste, wo man sich befindet. Ich bin neu nach Düsseldorf gezogen und nutze die Bibliothek seit 1 ½ Jahren./ Im Grundriss sieht das alles klar und übersichtlich aus. Es wäre auch schon eine sehr große Hilfe, einfach im Eingangsbereich den Grundriss aufzuhängen. Der Eingangsbereich ist ok. Besonders verwirrend ist, dass man im 1. OG in eine andere Richtung aus dem Treppenhaus herausgeht, als in welcher man hineingegangen ist. So ist es schwer, eine Kongruenz zwischen den Räumlichkeiten im EG und im 1. OG herzustellen.
Weiblich	Regale zu eng/ zu schlechte "Fein"-sortierung/ Auszeichnung/ Regale zu voll/ wenig "offene" Bereiche, zu viel Belletristik, keine gute Unterteilung.
	Manches liegt sehr versteckt (Hörbücher, DVD, Literatur). Die Orientierungsbeschilderung könnte ausführlicher sein. Die Themensuche könnte verbessert werden, wenn ich nicht ein bestimmtes Buch suche (im Computer).
	Orientierungsfreundlichkeit ist in Ordnung, jedoch würde ich eine andere Sortierung vornehmen. (Keine Schrägstellung der Regale, da etwas verwirrend.)
	Erste Orientierung ist nicht einfach, Bereiche nicht leicht zu finden.
40-49	
Männlich	Tatsächlich nicht so gut. Könnte tatsächlich größer sein (Schilder). Keine Fernwirkung./ Farbleitsystem wäre einprägsamer./ Übersichtsplan an verschiedenen Stellen.
	Haupt-Bereichsbuchstaben sollten größer (mind. 80 cm) sein, vielleicht durch verschiedene Farben unterschieden.
	Könnte mit Schaubildern optisch noch übersichtlicher gestaltet sein.
Weiblich	Sollte in alphabetischer Reihenfolge erfolgen, teilweise ist die Reihenfolge recht unorthodox.
	Einzelne Bereiche könnten farblich großflächig (z.B. Bodenbelag) gekennzeichnet werden.
	Nicht sehr übersichtlich, im Obergeschoss verwirrend.
	Zu wenig Wegweiser.
	Die Bibliothek ist sehr nüchtern. Es fehlen Farben! Kunst, Design, etc.
	Leitsystem wäre sinnvoll.
	Die grobe Einordnung finde ich gut und übersichtlich. Die einzelnen Bücher finde ich nicht so einfach.

Alter/Geschlecht	Kundenantworten
50-59	
Männlich	Zu wenig Wegweiser!
	Farbige Unterteilung fehlt.
	Ich finde, was ich will. Es könnte eine bessere Hinweisbeschilderung geben.
Weiblich	Manchmal schwierig zu merken. Es fehlen mehr große lesbare Hinweisschilder zu den Fachgebieten.
60-69	
Männlich	Die Bücher sind oft zu tief unten im Regal sortiert.
Weiblich	Manche Bereiche sind nicht gut zu finden. Bücher oft zu tief am Boden platziert. Manche Bereiche etwas unübersichtlich (1. Etage), oft mit Suche verbunden. Bsp. Astrologie sehr versteckt.
	Die einzelnen Bereiche im Obergeschoss sind nicht so gut zu finden.

Abbildung 15: Orientierungsmöglichkeit ASB - Stadtbücherei Düsseldorf, ZB

Alter/ Geschlecht	Kundenantworten
bis 19	
Männlich	Die Abkürzungen für die einzelnen Bereiche könnten leichter zu deuten sein. Z. B. Ge für Geschichte statt E und dann das Thema und dann der Autor, z. B. GeUSEd für ein Geschichtsbuch aus oder über die USA von Edison oder speziell über Edison (nur als Beispiel).
20-29	
Weiblich	Buchstabenregelung.
	Es ist grauselig. Die Buchstaben haben nichts mit den Bereichen zu tun. Piktogramme wären gut. Übersicht gleich 0 etc.
30-39	
Männlich	Bin dran gewöhnt - Buchstaben-Kauderwelsch.
	Die Zuordnung der Buchstabengruppe erscheint nicht logisch.
	Die Systematik ist oft unklar und lässt sich sehr schwer einprägen.
	Bei den Abkürzungen sind hochbegabte Kinder und Mathematikstudenten im Vorteil.
	Es gibt keine Möglichkeit festzustellen, welche Hörbücher es in der Bibliothek gibt (keine eigene Signatur, etc.) = super schlecht!
	Vielmehr eine Frage: warum ist Lokalgeschichte von der allgemeinen Geschichte getrennt - sogar in verschiedenen Etagen?

Alter/ Geschlecht	Kundenantworten
Weiblich	Les domaines commençant par la même lettre dans la même place. Les lettres (A, B, ...) ne correspondent pas à la branche recherchée.
	Mich stört, dass innerhalb der Belletristik thematisch untergliedert wird und dann erst alphabetisch, wobei die thematische Gliederung äußerst willkürlich erscheint.
40-49	
Weiblich	Ich fände es einfacher, wenn die Buchstabenkürzel etwas mit dem Thema zu tun hätten, wie R = Romane, Sp = Sprache, M = Medizin etc.
	Mangelnde Sortierung bei Krimi, Science Fiction.
50-59	
Männlich	Die Buchstaben der Abteilungen bieten keine Assoziationen zum Fachbereich, z. B. T = Theologie, P = Pädagogik.
	Das System allgemein. Z. B. finden sich einige Philosophen (z.B. Fou--) unter: Philosophie, Medizin, Soziologie, Wirtschaftswissenschaften = langes Suchen.
	Die Buchstaben sollten mit entsprechenden Piktogrammen verbunden werden, da der Buchstabe nicht immer auf das Fachgebiet schließen lässt.
60-69	
Männlich	Die Signaturen. Die Regale und Beschriftungen sind oft schwer zu finden, zu verstehen./ Alles in allem einiges sicherlich überdenkenswert!

Die Orientierung insbesondere im ersten Obergeschoss wird von den Benutzern als unübersichtlich empfunden. Die Beschilderung und eine farbliche Markierung werden u. a. als zu verbessernde Elemente angesprochen. Kritikpunkte einzelner Probanden sind auch die enge Regalaufstellung sowie die zu voll gestellten Regale und zu tief gestellten Bücher.

Ein grundsätzliches von den Nutzern in Düsseldorf benanntes Problem ist die Systematik, insbesondere die fehlende Assoziation der Bereiche zu den Notationen der ASB. Dabei setzen sich insbesondere die häufigen Bibliotheksbesucher mit hohem Bildungsniveau mit der Systematik auseinander.

3.1.3 Platzierungsanalyse

Im Folgenden werden wesentliche Schwachstellen der Platzierung in der Bibliothek aufgezeigt.

Der allgemeine Informationsplatz im Erdgeschoss liegt für den eintretenden Kunden rechts und nicht im unmittelbaren Blickbereich. Die zum Teil höheren Seitenteile der Theke verdecken dort die sitzenden Mitarbeiter. Der Anmeldungsplatz liegt für den Kunden, der die Bibliothek betritt, links bzw. nach dem Einlaufbereich bereits hinter ihm. Durch die Ausrichtung der Theke kann kein unmittelbarer Blickkontakt zwischen Mitarbeiter und eintretendem Kunden hergestellt werden.[52] Die Informationsstellen im Obergeschoss liegen über die Etage verteilt, sie sind durch keinen markanten und sich wiederholenden Standort gekennzeichnet.

In der Stadtbücherei Düsseldorf gibt es auf beiden Etagen keine Hauptgangführung, die den Kunden die Bibliothek erschließt. Im Erdgeschoss fällt dies aufgrund der geringeren Fläche und Anzahl von Bereichen weniger auf. Insbesondere im Obergeschoss existiert keine klare Hauptgangführung mit einer klar strukturierten Regalaufstellung, die Durchblicke durch den Raum zu den Orientierungsfaktoren Wand und Fenster ermöglicht.[53]

Dem Kunden, der das Obergeschoss über das Treppenhaus betritt, wird zunächst die Orientierung erschwert, da der Zugang im Erdgeschoss und im Obergeschoss nicht in gleicher oder gegenüberliegender Richtung liegt.

Das verglaste Treppenhaus kann als Orientierungspunkt dienen, der frei zugänglich und sichtbar sein sollte. Dies ist nur eingeschränkt der Fall.

---

[52] Die zwischenzeitliche Neuplatzierung der Verbuchung auf die linke Seite des Eingangsbereiches und der Anmeldungsstelle unterhalb der in das Obergeschoss führenden Treppe, so dass sie für eintretende Kunden direkt sichtbar ist, hat die Wirkung der im Erdgeschoss platzierten zentralen Einrichtungen geändert.

[53] Zudem lässt die geringe Deckenhöhe im Obergeschoss der Bibliothek Düsseldorf den Orientierungsfaktor Wand zurücktreten.

Die Regalaufstellung in der Bibliothek findet fast ausschließlich als blockweise versetzte statt. Eine offene, den Kunden in den Bereich einladende Aufstellung existiert fast nicht. Vor allem für Bereiche wie *Belletristik* ist eine anregende Platzierung für den Kunden wünschenswert.

Die Anordnung der Bereiche ist weder durchgängig alphabetisch nach den Notationen der ASB strukturiert, noch entspricht die Platzierung den Kognitiven Kategorien der Kunden.

Die Bereiche *Literatur* und *Sprache* stehen nicht in einem Platzierungszusammenhang und räumlich sind sie und die *Belletristik* mit der *Fremdsprachigen Belletristik* durch die Platzierung auf den zwei Etagen getrennt.

Da der Bereich *Biographische Literatur* nur als Interessenkreis *Biographien* besteht, sollte er aufgelöst werden, ansonsten in der Nähe der vorgenannten Bereiche stehen. Der Interessenkreis *Frauen* war ein modischer Interessenkreis, der nicht mehr die gleiche aktuelle Relevanz besitzt, weshalb seine Auflösung zu untersuchen ist. Die Gruppen *Krimi* und *Science Fiction* als Genres können klarer abgegrenzt platziert werden, gegebenenfalls mit den Interessenkreisen *Fantasy* und *Thriller*.

Der Bereich *Musik* ist im Erdgeschoss getrennt von den Bereichen *Tanz, Theater und Film* und *Kunst* im Obergeschoss platziert. Die Assoziation der Kunden empfiehlt, alle nebeneinander zu platzieren. Eine getrennte Gruppierung von *Musik*, *Tanz und Theater* und *Film* ist zu erwägen.

Sport und *Freizeit* sollten, als getrennte Bereiche, in räumlicher Nähe zueinander platziert werden.

Der Bereich *Pädagogik* steht nicht bei *Psychologie*, *Religion* und *Philosophie*. Die Bereiche sollten zusammen platziert werden, da dies die Kognitiven Strukturen der Kunden bei der Orientierung unterstützt. Innerhalb der Gruppe sind *Psychologie* und *Pädagogik* sowie *Religion* und *Philosophie* zusammen aufzustellen.

Geographie und *Heimatkunde* stehen im Erdgeschoss, *Geschichte* im Obergeschoss. Die Bereiche sind somit nicht zusammen platziert.

Als Befristete Platzierung „Neue Romane" werden bei den Romanen die Neuerwerbungen zusammen auf Tischen gruppiert. (Siehe Foto 68.) Der Umsatz ist so hoch, dass während des Tages zurückkommende Bücher nachgelegt werden. Der restliche Romanbestand wird entsprechend geringer umgesetzt. Sein Umsatz könnte durch Befristete Platzierungen, wie thematische, die den alten und neuen Bestand kombinieren und auf einem attraktiven Bestandsträger dargeboten sind, aktiviert werden.

Im Obergeschoss könnte statt der am Treppenhauszugang platzierten Neuanschaffungen eine größere Befristete Platzierung bereichsübergreifend, die Platzierungsgruppen verschiedener Kriterien ermöglicht, an einem Standort stattfinden.

Frontalpräsentationen der Bücher im Regal werden wenig und bei manchen Bereichen gar nicht umgesetzt. Zur attraktiven Präsentation müssen diese vor allem bei der *Belletristik* stattfinden.

3.1.4 Platzierungsvorschlag

Aufgrund der vorgenannten Schwachstellen empfiehlt sich eine Neuplatzierung in der Bibliothek.

Es besteht die Möglichkeit einer grundlegenden Neuplatzierung und einer an die derzeitige Aufstellung der Regale und der Bereiche angepasste Neuplatzierung. Die Regalaufstellung könnte bei einer gesamten Neuaufstellung als offene, den Kunden in den Bereich einladende stattfinden, indem die Regale für jeweils einen Bereich in U-Form aufgestellt würden.

Es wird ein Vorschlag für eine angepasste Platzierung vorgestellt, der eine einfachere Umsetzung ermöglicht. In diesem sind im Erdgeschoss die Bereiche des Clusters 1.1 und im Obergeschoss die Bereiche der Cluster 1.2 und 2 sowie die Zeitungen platziert. Die folgende Abbildung 16 zeigt den Platzierungsvorschlag für die Stadtbücherei Düsseldorf.

Die Platzierung berücksichtigt Anpassungen an den Bestand, wie beispielsweise eine Reduzierung des Bestandes *Allgemeines*.

Abbildung 16: Platzierungsvorschlag - Stadtbücherei Düsseldorf, ZB

Auf beiden Etagen werden die Informationsstellen und im Erdgeschoss die Anmeldestelle neu platziert. Im Erdgeschoss findet eine zentrale Platzierung der Informationsstelle und der Anmeldungsstelle statt, die vom Eingangsbereich aus besser sichtbar ist. Im Obergeschoss werden die drei Informationsplätze zu einer Informationsstelle zusammengelegt.[54] Der Kunde hat dadurch einen zentralen Anlaufpunkt und das Personal kann entsprechend der Auslastung eingesetzt werden.[55] Die Rechner zur Recherche im OPAC und mit Internetzugang behalten ihre Standorte.

Ein Hauptgang erschließt auf beiden Etagen die Bereiche der Bibliothek. Die Anlage des Hauptganges ermöglicht die Sicht auf die gegenüberliegenden Wände bzw. Fenster und an den Orten der Richtungswechsel auf die vier Wände und damit eine bessere Orientierung.[56]

Es werden an drei Standorten Befristete Platzierungen zur Stimulation eingeplant. Im Erd- und Obergeschoss können im Eintrittsbereich bereichsübergreifende Platzierungen stattfinden sowie eine bereichsspezifische bei der *Belletristik*. Dekoration kann die Stimulierungsfunktion bei Befristeten Platzierungen noch erhöhen.

Die Platzierung wird nach den Kognitiven Strukturen der Kunden ausgerichtet.

Im Erdgeschoss sind vom Eingang aus gesehen im rechten und hinter dem Treppenhaus liegenden Raumteil die *Belletristik* in Zusammenhang zu *Literatur* und *Sprache* und diese zu *Fremdsprachiger Belletristik* aufgestellt.

---

[54] Der Informationsplatz könnte auch seitlich des Treppenhauszugangs an dem derzeitigen Standort von *Naturwissenschaften* liegen, entsprechend würde sich auch die Platzierung der bei diesen beiden Standorten vorgeschlagenen Bereiche verschieben.
[55] Zurzeit sind die drei Plätze durchgehend besetzt. Gegebenenfalls sind auch zwei Informationsplätze oder ein Informationsplatz und der Einsatz eines mobilen Bibliothekars möglich.
[56] Langfristig empfiehlt sich, die Zugänge zu dem Treppenhaus in den beiden Etagen übereinander oder gegenüber auszurichten, um eine Kongruenz für eine bessere Orientierung herzustellen, was entsprechende Auswirkungen auf die Anlage der Gänge und der Platzierung hat.

Bei der Aufstellung der *Belletristik* wird eine Platzierung, die die Stimulation mehr berücksichtigt, gewählt. Ein eigener Platzierungsort für Befristete Platzierungen ist im vorderen Bereich vorgesehen, dort können z.B. Neuerscheinungen, thematische oder saisonale Platzierungen den Kunden anregen. Die alphabetische Aufstellung der *Romane* nach dem Autor findet als kojenartige Wandaufstellung statt. Daran kann sich die *Lyrik* anschließen. Die Interessenkreise mit den Genres *Krimi* und *Science Fiction*, gegebenenfalls mit *Fantasy* und *Thriller*, sowie die *Märchen* und der *Großdruck* auf der äußeren Regalreihe sind als klar abgegrenzte, freistehende Aufstellung ausgeführt. Gegenüber des *Großdrucks* sind die *Hörbücher* platziert. Auf der erhöhten Ebene kann ein Belletristiklesebereich eingerichtet werden.

Literatur und *Sprache* werden in die weitestgehend unveränderte, ursprüngliche Regalplatzierung der *Belletristik* aufgestellt.

In dem vom Eingangsbereich aus gesehenen linken Raumteil ist der Bereich *Musik* neben dem Bereich *Tanz, Theater und Film* mit den *DVDs* (Tanz, Spielfilme usw.) platziert und daneben sind der Bereich *Kunst* und die *Comics* aufgestellt. Die Aufstellung der *Musik-CDs* erfolgt gegenüber von *Musik*. Die mögliche, durch die Bibliothek angesprochene Erweiterung des Bibliotheksraums durch die Einbeziehung angrenzender Büroräume würde den Bereichen dort mehr Platz bei der Aufstellung geben.

Auf der nach unten versetzten Ebene ist ein offener Lesebereich eingerichtet, an dem Publikumszeitschriften angeboten werden können und als Zweitexemplar, siehe unten, Düsseldorfer Zeitungen. Das Angebot von Getränken ist zu überlegen. Als Gegenpart zu ruhigen, lernorientierten Bereichen kann dieser Lesebereich ein kommunikativer Ort sein.

Im Obergeschoss wird insgesamt eine offenere Platzierung erreicht.

Dem Kunden, der das 1. Obergeschoss betritt, bietet sich eine gute erste Orientierungsmöglichkeit. Er hat einen geraden, freien Blick auf die gegenüberliegende Fensterfront aufgrund der dort platzierten niedrigen Bestandsträger sowie auf die rechtwinklig dazu liegenden Wände. Zudem besteht eine erste Anregung durch eine größere bereichsübergreifende, z. B. thematische Befristete Platzierung.

Zu der rechten Seite schließen sich *Medizin* und *Naturwissenschaften* an. Auf der anderen Seite schließt sich die Aufstellung von *Psychologie*, *Pädagogik*, *Philosophie* und *Religion* an.

Der Standort der Bereiche *Sozialwissenschaften*, *Wirtschaft* und *Recht* bleibt erhalten. Der Bereich *Technik* schließt sich an und schließt damit den Bogen zu *Mathematik*.

An *Naturwissenschaften* ist im Zusammenhang *Landwirtschaft* platziert, *Hauswirtschaft* sowie *Freizeit* und *Sport*. An letztere schließen sich als zusammenhängende Platzierung die Bereiche *Geographie*, *Geschichte* und *Heimatkunde* an.

In der Nähe der Informationsstelle findet die Platzierung des Bereiches *Allgemeines* und der *Zeitungen* mit einem, wie ursprünglich, speziellen Lesebereich statt.

Neben den Regalplatzierungen werden Flächen mit Sitz- und Arbeitsmöglichkeiten geschaffen.

Die Platzierung von freistehenden Gruppenarbeitsräumen ist möglich.

3.1.5 Beschilderung

Die Regalbeschriftung in der Stadtbücherei Düsseldorf erfolgt mit an der Stirnseite der Regale befestigten weißen Schildern, die beschriftet in Blau den Bereich und seine Notation nennen.[57] (Siehe in Kapitel 3.1.1 Foto 69.)

Die Bibliothek verfügt über keine Lagepläne, die die Kunden über die Platzierung informieren. Auch gab es in der Bücherei keine Informationstafeln, die die Systematik mit den Bereichen darstellen.[58] Es empfiehlt sich, Lagepläne der jeweiligen Geschosse einschließlich der Systematik an entsprechenden Standorten zu platzieren. Die Aufstellung von beweglichen Ständern mit der Einlegemöglichkeit von Lageplänen aus Papier bietet sich an, um sowohl den Standort der Pläne verändern zu können als auch die Lagepläne selbst verändern zu können. Den Neukunden sollten bei der Anmeldung die Systematik und die Regalaufstellung anhand der Lagepläne erläutert und in gedruckter Form überreicht werden. Zusätzlich könnten laminierte Lagepläne, die die Kunden bei ihrer Suche mitnehmen können, unter anderem neben den OPACs, dem Informationsplatz und bei den Lageplanständern in der Bibliothek ausliegen.

Auf den digitalen Seiten der Bibliothek werden die Lagepläne und die verwendete Systematik nicht abgebildet. Digitale Ausfertigungen können insbesondere Nutzern, die über PC, Mobiltelefon usw. auf der Internetseite der Bibliothek Informationen sowie im OPAC nach Medien suchen, direkt als Orientierung dienen. Die Pläne als Gesamtlageplan dienen der umfassenden Information, ausschnittsweise markierte Bereiche für die konkrete Suche. Lagepläne mit den jeweils markierten Bereichen könnten über die Systematik und den OPAC eingebunden werden.

Als Farbmarkierung wird die Markierung mit den vier Farben Rot, Gelb, Grün und Blau oder den zwei Farben Rot und Grün vorgeschlagen. Die

---

[57] Die Beschriftung der Regale mit diesem System wurde Ende des Jahres 2004 fertig gestellt. Die Beschilderung wurde Ende 2005 um graue Metalltafeln mit schwarzer Beschriftung erweitert. (Siehe in Kapitel 3.1.1 Foto 68.)

[58] Es existieren seit der Erweiterung der Beschilderung im Jahr 2005 Tafeln im Eingangsbereich des Erdgeschosses sowie im Obergeschoss, die die Bereiche mit der Notation nennen und mit Richtungspfeilen auf den Platzierungsort weisen.

154

Farbe Rot kennzeichnet im Erdgeschoss die Bereiche des Clusters 1.1. Im Obergeschoss markiert in der ersten Möglichkeit Gelb die Bereiche des Clusters 1.2 sowie des Clusters 2.2. Die Bereiche des Clusters 2.3 werden Grün und die des Clusters 2.1 Blau markiert. In der zweiten Möglichkeit würden die Bereiche des Clusters 1.2 und des Clusters 2 im 1. Obergeschoss alle mit Grün gekennzeichnet. Die Farben können bei den Bereichen an den Regalen, auf den Lageplänen und auch bei den Informationstafeln mit der Systematik verwendet werden.

Die folgende Abbildung 17 zeigt die farblich markierten Lageplanvorschläge des Erd- und Obergeschosses mit der zweiten Farbvariante. Die Standorte der Publikumszeitschriften, der Zeitungen und der Befristeten Platzierungen sind Orange markiert.

Die Abbildung 18 zeigt die Pläne, in denen bei ausgewählten Bereichen die Regale farblich markiert sind und durch die entsprechend der Standort des Mediums angezeigt werden könnte.

Die Pläne würden den Kunden mit Legende zur Verfügung stehen.

Zusätzliche Maßnahmen zur Unterstützung der Orientierung des Kunden sind Bibliotheksführungen.[59] Bei einer Neuplatzierung empfehlen sich in der ersten Zeit vermehrte Bibliotheksführungen für die Kunden. Es sollten die Verbesserungen der Neuplatzierung aufgezeigt werden, um die Akzeptanz und das Erfassen der Struktur zu fördern.

---

[59] Die Stadtbücherei bietet als Bibliotheksführungen individuell vereinbarte Gruppenführungen vor den Öffnungszeiten der Bibliothek, in denen auch die Bestandsaufstellung erläutert wird, und regelmäßig stattfindende Führungen während der Öffnungszeiten an. Auch Führungen durch die Musikbibliothek sind möglich.

Abbildung 17: Platzierung mit Farbmarkierung - Stadtbücherei Düsseldorf, ZB

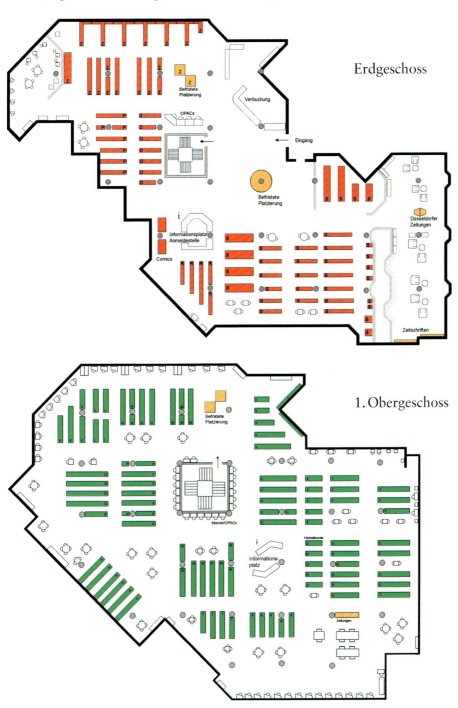

Abbildung 18: Platzierung farbmarkierter Bereich - Stadtbücherei Düsseldorf, ZB

3.2 Stadtbibliothek Siegburg

Die Stadtbibliothek Siegburg ist eine mittelgroße Bibliothek, die im Zentrum in unmittelbarer Nähe des Marktplatzes der Stadt Siegburg liegt.[60]

Architektonisch zeichnet sich die Bibliothek durch ihre hohen Decken und großen Verglasungsflächen aus.

Die Stadtbibliothek Siegburg hat im Jahr 2006 den Bestand der Erwachsenenbibliothek neu platziert. Die empirischen Erhebungen zu der Platzierung in der Stadtbibliothek fanden 2004 statt. Entsprechend beziehen sich die Angaben, einschließlich der Ergebnisse, auf die Jahre 2004 bis 2007.

3.2.1 Ursprüngliche Platzierung

Die Stadtbibliothek Siegburg wies im Jahr 2004 einen Freihandbestand von 60.792 Medien auf 1.500 m^2 auf. Sie verzeichnete in diesem Jahr 7.580 Entleiher und 473.780 Ausleihen.

Die Bibliothek besitzt eine kojenartige Regalaufstellung.

Die in der Stadtbibliothek verwendete Systematik ist die ASB. Der Aufstellung nach der ASB wird in der Bibliothek in Siegburg gefolgt. Bei der *Belletristik* werden zwölf Interessenkreise großflächig getrennt platziert.

Die folgende Abbildung 19 zeigt die Lagepläne der Bibliothek. Die Platzierung der Bereiche ist durch ihre Beschriftung kenntlich gemacht.

---

[60] Die Stadtbibliothek Siegburg wird von der Stadt Siegburg und der ekz als GmbH geführt.

Abbildung 19: Ursprüngliche Platzierung - Stadtbibliothek Siegburg

Erdgeschoss

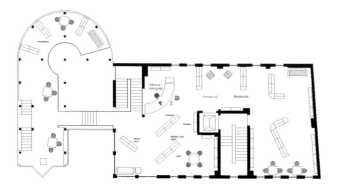

1. Obergeschoss

Der Bibliotheksraum der Stadtbibliothek Siegburg lag ursprünglich ausschließlich im Erdgeschoss mit einer nach unten versetzten und einer erhöhten Ebene sowie verfügte über eine Empore oberhalb des Eingangsbereiches. Im Jahr 2001 wurde die Bibliothek um einen Anbau erweitert, durch den auch zusätzlicher Raum im ersten Obergeschoss entstand.

Im Erdgeschoss befindet sich im Eingangsbereich die reguläre Verbuchungsstelle und die Selbstverbuchung. Ein Informationsplatz sowie Rechner zum Recherchieren im Bibliothekskatalog und mit Internetzugang sind im hinteren Teil der Bibliothek platziert. In dem Anbau steht ein weiterer Rechner zur Katalogrecherche im Erdgeschoss und im Obergeschoss an der in der Regel nicht besetzten zweiten Informationsstelle zur Verfügung.

Auf der nach unten versetzten Ebene stehen *Musik, Tanz, Theater und Film*, *Musik-CDs*, *Philosophie*, *Religion* und *Kunst*. In der Nähe des Eingangsbereiches sind die *Zeitschriften* und *Zeitungen* aufgestellt. Daran schließen sich im Mittelteil der Bibliothek die Bereiche *Geschichte*, *Biographische Literatur*, *Geographie*, *Wirtschaft*, *Sozialwissenschaften*, *Recht*, *Allgemeines*, *Psychologie*, *Pädagogik* und *Literatur* an. Als Wandplatzierung sind die Bereiche *Technik*, *Sport und Freizeit*, *Mathematik*, *Naturwissenschaften*, *Medizin* sowie *Sprache* ausgeführt. Auf der erhöhten Ebene stehen *Land- und Hauswirtschaft*. *Hauswirtschaft* ist zudem auf der Hauptebene weitergeführt. Als Befristete Platzierungen sind im Eingangsbereich die „Bestseller" und in einem Regal von *Geschichte* die „Wunschbücher" ausgeführt. *Heimatkunde* ist auf der Empore über dem Eingangsbereich aufgestellt.

In dem Anbau sind die *Belletristik* einschließlich der *Fremdsprachigen Belletristik* und der *Hörbücher* sowie die *Comics* und die *DVDs/Videos* plaziert. Bei den *Romanen* werden zusätzlich zu der alphabetischen Aufstellung nach dem Autor, die im Obergeschoss stattfindet, die Interessenkreise *Andere Länder*, *Biographie*, *Familie*, *Fantasy*, *Frauen/Neue Frau*, *Heimat*, *Historisches* und *Science Fiction* sowie *Großdruck* gebildet und im Erdgeschoss platziert sowie *Abenteuer*, *Horror*, *Krimi* und *Thriller* im Obergeschoss. Die *Anthologien* stehen im Erdgeschoss sowie *Gesammelte Werke*, *Märchen*, *Lyrik* und *Dramatik* im Obergeschoss.

Die folgenden Fotos der Bibliothek zeigen die ursprüngliche Platzierung.

Foto 71: UP Zeitschriften- und Zeitungsschränke - Stadtbibliothek Siegburg

Foto 72: UP Informationsplatz - Stadtbibliothek Siegburg

Foto 73: UP Frontal zum Gang stehende Regale - Stadtbibliothek Siegburg

Foto 74: UP Ungenutzte Schränke - Stadtbibliothek Siegburg

3.2.2 Platzierungswissen von Bibliothekskunden

In der Stadtbibliothek Siegburg wurden im Juni 2004 die kognitiven Lagepläne der Kunden empirisch erhoben. Den Probanden wurden wie in der Stadtbücherei Düsseldorf vor dem Bibliotheksbesuch in einem Bereich, von dem aus die Bibliothek nicht einsehbar ist, die Lagepläne vorgelegt, in die sie die Notationen der Bereiche eintragen sollten. Es wurden 223 Probanden in der Auswertung berücksichtigt.

Die folgende Abbildung 20 zeigt prozentual das Platzierungswissen der Probanden in der Bibliothek.[61]

Abbildung 20: UP Platzierungswissen - Stadtbibliothek Siegburg

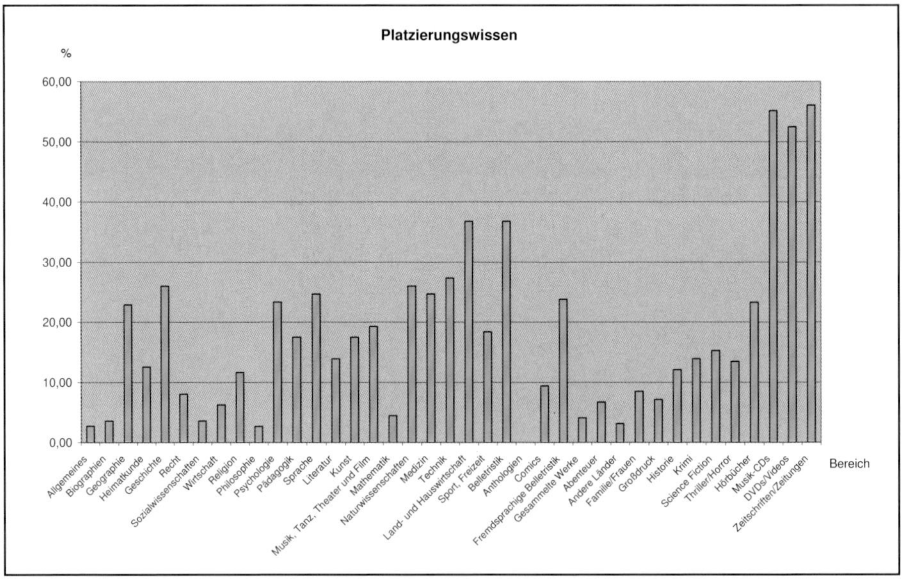

Für Bereiche wie *Land- und Hauswirtschaft* (36,77 %), die *Belletristik* (36,77 %), *Musik-CDs* (55,16 %), *DVDs/Videos* (52,47 %) und *Zeitungen und Zeitschriften* (56,05 %) ist das Platzierungswissen der Probanden in der Bibliothek relativ hoch, bei anderen Bereichen wie *Allgemeines* (2,69 %) und *Philosophie* (2,69 %) ist es gering.

---

[61] Siehe Anlage 3.

Die Abbildung zeigt, wie oben genannt, nur den Anteil der Probanden, die die Bereiche richtig platzieren konnten. Zählt man die Probanden hinzu, die einen Bereich in unmittelbarer Nähe, d. h. im Nachbarregal platzierten, verbessert sich das Platzierungswissen in der Stadtbibliothek Siegburg insbesondere bei den Bereichen *Psychologie* (Erhöhung von 23,32 % auf 34,08 %), *Pädagogik* (von 17,49 % auf 39,01 %) und *Medizin* (von 24,66 % auf 36,77 %).

Im Anschluss wurde auch in der Siegburger Bibliothek das Platzierungswissen in Abhängigkeit verschiedener Einflussfaktoren wie der Besuchshäufigkeit, dem Platzierungsort und der Medienart analysiert.

Auch hier zeigt sich tendenziell, dass das Platzierungswissen desto besser ist, je häufiger die Bibliothek und der Bereich besucht wird sowie je einprägsamer der Ort der Platzierung ist und je größer die Unterscheidungsfähigkeit der Medien zu der in der Bibliothek überwiegenden Medienart ist.

Die Existenz kognitiver Zusammenhänge von Bereichen zueinander zeigt sich ebenso in der Stadtbibliothek Siegburg z. B. darin, dass Probanden in den Lageplänen Bereiche nebeneinander eingetragen haben, die nicht nebeneinander platziert sind. Die Bereiche *Heimatkunde* und *Geschichte* oder *Heimatkunde* und *Geographie* wurden auf dem Lageplan im Erdgeschoss zusammen platziert, obwohl der Bereich *Heimatkunde* zum Zeitpunkt der Untersuchung im Obergeschoss stand.[62]

Bei der Benutzererhebung wurden die Kunden in einer freien Antwortmöglichkeit zu der Orientierungsfreundlichkeit in der Stadtbibliothek befragt. Die folgende Abbildung gibt die Antworten der Kunden wieder, die diese als schlecht beurteilten und sich zu damit in Zusammenhang stehenden Aspekten äußerten.

---

[62] Der Bereich *Heimatkunde* wurde unmittelbar im Anschluss an die Erhebung im Erdgeschoss neben *Geschichte* aufgestellt.

Abbildung 21: UP Orientierungsmöglichkeit - Stadtbibliothek Siegburg

Geschlecht/ Alter	Kundenantworten
bis 19	
Männlich	Man findet nicht alles auf Anhieb.
Weiblich	Buchstabenordnung (A-Z) ist nicht immer leicht zu finden, wirkt leicht ungeordnet.
	Ich finde die Bibliothek ziemlich unübersichtlich, wenn ich etwas Bestimmtes suche und noch nicht weiß, wo es zu finden ist, dann muss ich immer ziemlich lange Zeit suchen. Vielleicht sollte man übersichtlichere (bzw. größere) Schilder anbringen und verschiedene Farben für verschiedene Bereiche, weil Schwarz auf Weiß nicht so übersichtlich ist.
	Dass der Bereich Geschichte so verschachtelt ist.
20-29	
Männlich	Dass ich bisher nicht wusste, dass es eine zweite Etage gibt.
	Dass ich nicht immer alles finde.
	Die Buchstabenanordnung bitte nicht ganz so unauffällig. Bereiche mischen sich sehr stark, lieber mehr Oberpunkte, bzw. klarere Punkte, Bereiche.
	Die Anordnung der Buchstabenreihe.
Weiblich	Zu wenig Schilder (Wegweiser zu den Bereichen). Orientierungspläne mit Bereichsbuchstaben sollten überall hängen.
	Gezielte Suche nach Büchern (Belletristik) ist manchmal etwas schwer.
	Einige Standorte sind mit den Computerangaben schwer zu finden.
	Ich finde grundsätzlich nicht den Buchstaben, den ich gerade suche.
	Dass es keine „Wegweiser" gibt.
	Dass man sich nicht immer zurechtfindet.
	Schilder etwas zu klein.
	Unregelmäßige und unstrukturierte Regalanordnung - zu verwinkelt./ Beschilderung schwarz-weiß nicht übersichtlich genug.
	Buchstabenzuteilung, sowohl Abkürzungs-Bereich als auch „alphabetische" Reihenfolge ist ungewohnt.
30-39	
Männlich	„Zergliederte Themenbereiche". Bücher gleichen Themas in unterschiedlichen Ablagearten.
	Sehr schlecht!!! Dass ich nicht selbstständig, d. h. dank guter Orientierung durch die Bücherei komme/ keine optische Überschaubarkeit! Ich würde gerne eine Führung mitmachen, als Einzelperson![1]
	Noch keine Gedanken darüber gemacht, vielleicht Orientierungsschilder direkt im Eingangsbereich einrichten.

Geschlecht/ Alter	Kundenantworten
30-39	
Weiblich	Räumliche Aufteilung unübersichtlich, gleichzeitig jedoch architektonisch interessant.
	Nicht besonders gut (aber ich stöbere auch gerne). Zu wenig Hinweisschilder.
	Wenn ein(e) Autor(in) ein bestimmtes Genre schreibt, sind oft die Werke in der ganzen Bibliothek unter verschiedenen Bereichen verteilt. Sogar verschiedene Bände einer einzigen Reihe sind z.B. auf "Historisches" und "Allgemeine Reihe" verteilt.
	Manche Dinge, die m. E. zusammen gehören, sind weit auseinander (z.B. Videos und CDs).
	Etwas verwinkelt, man muss immer fragen.
40-49	
Männlich	Schlecht.
	Unübersichtliche Aufbereitung von Zeitschriften, auch älteren Datums.
Weiblich	Belletristik zu weit weg.
	Dass nicht alle Bereiche (z.B. Kunst) einen Buchstaben am Regal haben.
	Dass die Romane jetzt oben sind.
	Es fehlt ein Übersichtswegweiser.
	Die „Neuordnung" der „Romane" bzw. die Nichtordnung von Taschenbüchern. (Laut Computer auszuleihen, auf dem Ständer nicht zu finden).
	In den letzten Jahren häufige Umstrukturierung, Bücher über Holzbearbeitung z.B. finden sich bei Technik und Hobby, manchmal findet man zufällig die gewünschte Literatur.
	Verlagerung der Belletristik in die 1. Etage; früher (vor dem Umbau) lief der Publikumsstrom im Erdgeschoss durch den Bereich der normalen Romane und man hat einfach mal geschaut. Wenn ich gezielt Fachliteratur (Kunst, etc.) suche, gehe ich gezielt in diesen Bereich, z.B. auch in die 1. Etage. Das heißt, publikumsschwache Bereiche (wie Kunst, Fachliteratur etc.) gehören nicht ins Erdgeschoss!/ Aufspaltung der Belletristik in Historie, andere Länder etc.; wenn man einen Roman sucht, kann man rätseln, in welche „Sparte" dieser gehören könnte und verschiedene Standorte absuchen. Eine reine Orientierung nach Buchstaben (Name Autor) ist einfacher.
	Es ist nicht einfach für mich, Fachbücher über bestimmte Themen zu finden.
	Ich kann manchmal in der Anordnung keinen Zusammenhang erkennen.

Geschlecht/ Alter	Kundenantworten
50-59	
Männlich	Die Aufbewahrung von Zeitschriften im „Schmökercafe".[2]
	Generell in Ordnung, aber Historie, Biographie, Literatur sollten zusammengeführt werden; das ist der Bereich Z. Belletristik nicht aufschlüsseln in Unterordnungen, sondern zusammenführen.
	Ausschilderung könnte deutlicher, lesbarer sein.
Weiblich	Seit dem Umzug schlecht./ Oben geht man nie hin, wenn man es eilig hat./ Der Vorraum ist zu groß.
	Die Bücher und Abteilungen sind nicht übersichtlich./ Hinweisschilder nicht ausreichend.
60-69	
Männlich	Unübersichtlichkeit.
über 70	
Weiblich	In der Eingangshalle könnte eine Tafel als Orientierungshilfe stehen.
	Nur, dass die Romane nicht nur nach Schriftsteller sortiert sind, sondern in jede Menge untere Bereiche! Z.B. Freunde, Länder, Familie usw.

[1] Führungen werden für Gruppen angeboten.

[2] Die aktuellen Zeitschriften und Zeitungen sind in der Stadtbibliothek Siegburg in dem Café in der Bibliothek platziert, die älteren Ausgaben bei dem Bereich Zeitschriften/Zeitungen.

Die Probanden bezeichnen die Orientierung in der Stadtbibliothek Siegburg als unübersichtlich. Als Grund wird z.B. die unstrukturierte Aufstellung der Regale und die Anordnung der Sachbereiche genannt. Die Beschilderung wird als unzureichend betrachtet, dabei wird die vorhandene Beschriftung als unauffällig angesehen und die Möglichkeit von Orientierungsplänen angesprochen.

Bei der *Belletristik* wird die Aufstellung der Romane in eine Vielzahl von Interessenkreisen neben der alphabetischen Aufstellung von Lesern angesprochen und abgelehnt.

3.2.3 Platzierungsanalyse

Im Folgenden werden wesentliche Schwachstellen der ursprünglichen Platzierung in der Bibliothek aufgezeigt. Die Abbildung 22 zeigt die Lagepläne der Stadtbibliothek, in denen einige dieser Schwachstellen markiert sind.

Abbildung 22: UP Schwachstellen - Stadtbibliothek Siegburg

Der Informationsplatz in der Stadtbibliothek Siegburg ist im hinteren Bereich der Bibliothek in einem verengten Gangbereich platziert. Er ist nicht vom Eingangsbereich aus sichtbar. Die die Dienstleistung in Anspruch nehmenden Kunden sitzen mit dem Rücken zum Gang, während hinter ihnen andere Kunden vorbeigehen, die wiederum durch im Gang stehende, wartende Kunden im Vorbeigehen gehindert werden. Die Privatsphäre der Kunden ist bei dem Gespräch mit dem Bibliotheksmitarbeiter nicht gewährt. (Siehe Abbildung 22 und Foto 72.)

Es existiert kein Hauptgang, der die Kunden durch die Bibliothek führt. Bei der aktuellen Wegeführung nutzt der Großteil der Kunden nur den unmittelbar zum Informationsplatz führenden Gang. Die Regale der Bereiche *Pädagogik* und *Psychologie* stehen frontal in dem Gang und verhindern damit eine durch die Bibliothek führende Hauptgangführung. (Siehe Abbildung 22 und Foto 73.)

Die in der Stadtbibliothek Siegburg nach der ASB aufgestellten Wissensbereiche stehen nicht alle in einem sinnvollen, strukturierenden Zusammenhang, der die kognitiven Ansprüche der Kunden unterstützt.

Der Bereich *Heimatkunde*, der ursprünglich auf der Empore im Obergeschoss stand, war räumlich von *Geschichte* und *Geographie* im Erdgeschoss getrennt. Er wurde, wie geschrieben, bereits nach der ersten Erhebung in das Erdgeschoss versetzt.

Die vier Bereiche *Psychologie*, *Pädagogik*, *Religion* und *Philosophie* sind nicht zusammen, die beiden letztgenannten auf der nach unten versetzten Ebene platziert. Dies unterstützt nicht die Kognitiven Strukturen der Kunden bei der Orientierung.

In der Stadtbibliothek sind die Bereiche der Gruppe „Naturwissenschaften und Technik", wie beispielsweise Wirtschaft und Technik, nicht nebeneinander aufgestellt, sie sollten näher zusammen platziert werden.

Die Bereiche *Literatur* und *Belletristik* stehen über zwei Etagen aufgestellt und sind räumlich zudem durch die Platzierung in dem ursprünglichen Bau und dem Anbau getrennt. Der Bereich *Sprache* steht nicht in einem

Platzierungszusammenhang dazu, insbesondere zu der *Fremdsprachigen Belletristik*.

Der Bereich *Biographische Literatur* steht nicht in der Nähe der vorgenannten Bereiche.[63] Er ist eine sehr schwach besetzte Gruppe. Der durchschnittliche Bestand der Gruppe *Biographische Literatur* betrug im Jahr 2004 381 Medien bei einem durchschnittlichen Gesamtbestand von 61.437 Medien, dies entspricht einem Anteil von 0,62 %. Der Anteil der Ausleihen der Gruppe an den Gesamtausleihen betrug in diesem Jahr 0,46 %. Es wird empfohlen, den Bereich aufzulösen.

Die *Belletristik* ist über zwei Etagen platziert. Die alphabetische Aufstellung der *Romane* nach dem Autor findet ausschließlich im Obergeschoss statt. Die Interessenkreise und die Untergruppen sind über die beiden Etagen verteilt aufgestellt.

Das Obergeschoss in der Bibliothek ist kaum besucht. Ursprünglich sollte in dem Anbau der geringeren Etagenwertigkeit des Obergeschosses durch die Platzierung der Interessenkreise im Erdgeschoss entgegengewirkt werden. Die Absicht war die Kunden zu animieren, auch den Bestand der *Belletristik* im Obergeschoss aufzusuchen. Als gegenteiler Effekt gingen viele Kunden den Weg nach oben nicht, da sie unten schneller etwas mitnehmen konnten, auch gab es Kunden, die nicht wussten, dass ein weiterer Teil der *Belletristik* im Obergeschoss platziert war.[64] In dem Treppenhaus mit den Zugängen in die untere und obere Etage gibt es keine Beschilderung, die auf den Vortragsraum im unteren Geschoss und die Platzierung der *Belletristik* im Obergeschoss hinweist.

Da bei den *Romanen* aufgrund der gewählten Aufstellung die Bücher eines Autors zum Beispiel sowohl in die alphabethische Aufstellung aufgenommen als auch verschiedenen Interessenkreisen zugeordnet werden, gibt es keine eindeutige Standortzuordnung. Die Vielzahl der Interessenkreise, neben der alphabetischen Aufstellung, und die nicht eindeutige

---

[63] Der Bereich ist neben *Geschichte* platziert.
[64] Bei der Erhebung der Lagepläne stellten Kunden überrascht fest, dass auf einer zweiten Etage weitere Bestände platziert sind.

Zuordnung der Medien stellt keine kundenfreundliche Platzierung dar. Es wird empfohlen die Interessenkreise auf Genres wie *Fantasy*, *Krimi*, *Science Fiction* und *Thriller* zu beschränken.

Die Regalaufstellung in der Stadtbibliothek Siegburg erfolgt größtenteils durch Kojen. Sie ist in sich verstellt und verschachtelt.

Eine klar ersichtliche Abgrenzung der Platzierungsgruppen zueinander erfolgt nicht immer. Der Bereich *Allgemeines* ist an zwei Standorten aufgestellt. *Geographie* ist als Gang bildende Aufstellung, die rechtwinklig dazu in einer Koje beginnt, *Literatur* als Gang bildende Aufstellung, ein Teil des Bereiches gegenüber von *Pädagogik*, aufgestellt. *Hauswirtschaft* ist auf der erhöhten Ebene platziert und aus Platzbedarf auf der Hauptebene weitergeführt. (Siehe Abbildung 22.)

Die Platzierung der Bereiche erfolgt nicht immer als abgegrenzte im Regal durch entsprechende Blockbildung und abgesetzte Platzierung.

Die *Zeitschriften* und *Zeitungen* sind in vier versetzt zueinander platzierten Zeitschriftenschränken untergebracht. Die Art der Aufstellung ermöglicht dem Kunden nur jeweils einen der Schränke frontal zu betrachten. Die *Zeitschriften* und *Zeitungen* werden nach Titel alphabetisch aufgestellt. Da dem Kunden diese Platzierung nicht durch eine Beschriftung angezeigt wird und sich nicht durch die Aufstellung erklärt, geht er oft mehrmals suchend um die Schränke. Die alphabetische Anordnung der *Zeitschriften* und *Zeitungen* sollte sich durch die Aufstellung erschließen, wie durch aufeinander folgende Schränke. Für eine bessere Strukturierung könnten die Titel inhaltlich, nach den Bereichen der ASB, geordnet werden.

Die *Zeitungen* liegen in den Fächern der untersten Fachreihe der Zeitschriftenschränke. Eine getrennte Platzierung in einem kleinen Zeitungsschrank wäre für die Kunden ansprechender und angenehmer.

Die hohen Schränke mit den *Zeitschriften* und *Zeitungen* verwehren den Kunden vom Eingangsbereich aus die Blicke in die Bibliothek. (Siehe Foto 71.)

Ein Teil der Medien des Bereiches *Technik* ist weitläufig auf neun Regalen, von denen bei zweien Arbeitstische integriert sind und bei vieren Materialschränke im unteren Regalbereich stehen, gestellt. (Siehe Abbildung 22 und Foto 74.) Die Arbeitstische werden von den Kunden kaum genutzt, die Materialschränke sind ungenutzt. Bei normaler, aufgelockerter Platzierung und dem Verzicht auf die Arbeitstische und Materialschränke, indem alle Regale mit Fachböden bestückt sind, könnten sieben Regale frei werden. Zudem wäre Platz für die Anbringung weiterer Wandregale.

Befristete Platzierungen finden nicht als bereichsübergreifende thematische statt. Beispielsweise könnte eine Befristete Platzierung mit jährlich unterschiedlichen Schwerpunkten den in Siegburg regelmäßig im Dezember in unmittelbarer Nähe zu der Stadtbibliothek stattfindenden Mittelalterlichen Markt aufgreifen.

3.2.4 Platzierungsvorschlag

Aufgrund des fehlenden Hauptganges durch die Bibliothek, der schlechten Platzierung des Informationsplatzes und der nicht bei allen Bereichen mit den Kognitiven Strukturen übereinstimmenden Platzierung empfiehlt sich eine Neuplatzierung in der Bibliothek.

Es wurden zwei Vorschläge für eine kundenorientierte Platzierung ausgearbeitet. Sie berücksichtigen die Ergebnisse der Erhebungen und eine Bestandsreduzierung, um die Platzierung in der Stadtbibliothek, auch durch eine freiere Aufstellung, zu optimieren.

Der erste Platzierungsvorschlag sieht vor, in den Räumen der ursprünglichen Bibliothek im Erdgeschoss die Bereiche des Clusters 1, d.h. auch die *Belletristik*, die Bereiche des Clusters 2.2 sowie die *Zeitschriften/Zeitungen* und in dem Anbau die Bereiche des Clusters 2.1 und des Clusters 2.3 zusammenhängend zu platzieren.

Der zweite Platzierungsvorschlag berücksichtigt die bestehende Regalaufstellung und Platzierung der Bereiche. In diesem Vorschlag sind in dem ursprünglichen Teil der Bibliothek die Bereiche des Clusters 1.1.2, des Clusters 1.2, des Clusters 2 und die *Zeitschriften/Zeitungen* platziert. In dem Anbau der Bibliothek werden zusammenhängend die Bereiche des Clusters 1.1.1 platziert.

Der von der Stadtbibliothek Siegburg umgesetzte zweite Platzierungsvorschlag wird im Folgenden vorgestellt. Die Abbildung 23 zeigt den Lageplan mit diesem Vorschlag für eine Neuplatzierung.

Abbildung 23: Platzierungsvorschlag - Stadtbibliothek Siegburg

Erdgeschoss

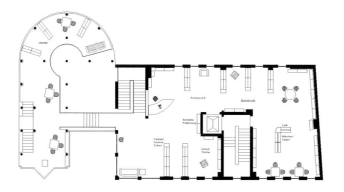

1. Obergeschoss

Grundsätzlich soll die neue Platzierung mehr Übersichtlichkeit gewähren und dem Kunden eine weitgehende Erschließung der Bibliothek ermöglichen. Dazu wird im Erdgeschoss anstelle der ursprünglichen Wegeführung ein durch die Bibliothek führender, ausreichend breiter Gang angelegt.

Der Informationsplatz im Erdgeschoss wird so platziert, dass er vom Eingangsbereich aus sichtbar ist. Er liegt in dem Bereich des Hauptgangs, von dem aus die meisten Kunden die Bibliothek erschließen.[65] Die Platzierung der Rechner bleibt erhalten.

Die Bereiche *Kunst, Musik, Tanz, Theater und Film* mit den *Musik-CDs, DVDs* und *Videos* sowie die *Comics* werden gemeinsam auf der durch zwei Stufen nach unten versetzten Ebene platziert. Dabei wird *Kunst* aus seiner ursprünglich versteckten Lage hinter *Religion* hervorgeholt, so dass der Bereich vom Gang nun offen erkennbar ist. Die *Musik-CDs* werden zur besseren Wahrnehmung frontal zum Gang gerichtet präsentiert.

Im vorderen Teil der Bibliothek in der Nähe der Informationsstelle wird *Allgemeines* aufgestellt.

Die Bereiche *Geographie, Heimatkunde* und *Geschichte* werden zusammenhängend aufgestellt. Die Platzierung von *Geschichte* wird als eine kompaktere mit längeren Kojen vorgeschlagen. Die *Heimatkunde* wird in eine sich anschließende, zum Gang hin offene Koje platziert. Der Bereich *Geographie* erfolgt als einheitliche Aufstellung mit mehr Platz.

Anschließend werden als Platzierung die Bereiche *Freizeit* und *Sport* sowie *Landwirtschaft* und *Hauswirtschaft* ausgeführt. In Platzierungszusammenhang zu *Geographie* wird *Sport* gesetzt, der Bereich *Freizeit* in räumlicher Nähe zu *Hauswirtschaft*.

Auf der anderen Seite der Regalreihe ist der Bereich *Landwirtschaft* platziert. Er bildet einen thematischen Zusammenhang zu den im hinteren Teil der Bibliothek aufgestellten *Naturwissenschaften*, die dort neben *Mathematik* stehen.

---

[65] Da die Informationsstelle im Obergeschoss in der Regel nicht besetzt ist, steht der Rechner den Kunden wie bisher für ihre Recherche am OPAC zur Verfügung.

Im Anschluss an *Medizin* wurden *Psychologie* und *Pädagogik* gegenüber den beiden Bereichen *Philosophie* und *Religion* aufgestellt.

Schließlich wird eine zusammenhängende Aufstellung der Bereiche *Technik*, *Wirtschaft*, *Sozialwissenschaften* und *Recht* in dem Bereich der Bibliothek geschaffen, wo sich die Rechner mit Internetzugang befinden.

Der Bereich *Zeitschriften/Zeitungen* wurde auf das Podest verlegt.

Befristete Platzierungen sind weiterhin die Bestseller im Eingangsbereich und die „Wunschbücher" als Platzierung am Gang. Eine bereichsübergreifende, wie saisonale und thematische, gegebenenfalls mit themenspezifischer Dekoration, könnte zudem umgesetzt werden.

Die Bereiche *Belletristik*, *Fremdsprachige Belletristik*, *Sprache* und *Literatur* werden zusammenhängend in dem Anbau platziert.

Die *Belletristik* bleibt, nun als kompakte und übersichtliche Platzierung, im Obergeschoss bestehen. Die Platzierung wird weitgehend als wandorientierte Aufstellung ausgeführt. Diese ermöglicht den Kunden bei den dort alphabetisch aufgestellten *Romanen* eine alphabetische Führung. Die *Anthologien*, *Lyrik* und *Märchen/Sagen* bleiben als eigenständige, freistehende Aufstellung erhalten. Die Interessenkreise werden auf die Genres *Fantasy*, *Krimi*, *Science Fiction* und *Thriller* reduziert und sind im vorderen Bereich platziert. Zudem ermöglichen zwei Wandregale Befristete Platzierungen.

In dem Erdgeschoss des Anbaus sind von der *Belletristik* die Bereiche *Fremdsprachige Belletristik*, *Großdruck* und die *Hörbücher* sowie die Bereiche *Sprache* und *Literatur* platziert.[66] Die *Fremdsprachige Belletristik* wird in Platzierungszusammenhang zu der *Sprache* aufgestellt. Die *Hörbücher* stellen ein attraktives Medium dar, das durch die Platzierung im Fensterbereich von außen sichtbar ist.[67]

---

[66] Den überwiegend älteren Nutzern des *Großdrucks* bleibt der ebenerdige Zugang erhalten. Durch die Fensterplatzierung erfährt der Bereich einen besseren Lichteinfall und damit bessere Lesbarkeit.

[67] Die nach der ersten Erhebung in der Stadtbibliothek erfolgte Platzierung der Schülerhilfen auf die Empore, genannt Schulothek, bleibt als Platzierung erhalten.

3.2.5 Beschilderung

Das Orientierungssystem der Bibliothek besteht aus der Schilderbeschriftung der Regale mit dem Namen und der Notation des Bereiches, die in schwarzer Schrift auf weißem Untergrund als Beschriftungsfahnen angebracht sind, und einer Orientierungstafel im Eingangsbereich. [68]

Die Bibliothek stellt den Kunden keine Lagepläne zur Verfügung. Es wurde vorgeschlagen, Lagepläne in der Bibliothek zu platzieren und digitale Lagepläne auf den Internetseiten der Bibliothek aufzuzeigen sowie im OPAC mit markiertem Bereichsstandort einzubinden. Auch können gedruckte laminierte Lagepläne zum Mitnehmen für den Bibliotheksrundgang ausliegen. Die Pläne sollten die Platzierung der Regale, die Bereichsbeschriftung und eine entsprechende farbliche Markierung der Bereichsgruppen aufweisen.

Für die Pläne wurde die Markierung mit den vier Farben Rot, Gelb, Grün und Blau oder den zwei Farben Rot und Grün vorgeschlagen. Bei der ersten Möglichkeit kennzeichnet die Farbe Rot die Bereiche des Clusters 1.1 (*Belletristik, Fremdsprachige Belletristik, Sprache, Literatur, Kunst, Musik, Tanz, Theater und Film*, die *Musik-CDs*, die *DVDs*, die *Videos* und die *Comics*) und Gelb die Bereiche des Clusters 1.2 (*Sport, Freizeit, Allgemeines* und *Hauswirtschaft*) sowie des Clusters 2.2 (*Geographie, Heimatkunde* und *Geschichte*). Die Bereiche des Clusters 2.3 (*Mathematik, Naturwissenschaften, Medizin, Recht, Politik, Wirtschaft, Technik* und *Landwirtschaft*) werden Grün und die des Clusters 2.1 (*Psychologie, Pädagogik, Religion* und *Philosophie*) Blau markiert. Bei der zweiten Möglichkeit markiert Rot ebenso die Bereiche des Clusters 1.1 und Grün die der Cluster 1.2 und 2. Die Markierung kann in den Lageplänen durch die farbliche Kennzeichnung der Regale erfolgen.

---

[68] Die Bereichsbeschilderung besteht seit dem Umbau der Bibliothek im Jahr 1989 bzw. dem Anbau der Bibliothek 2001, bei dem die Orientierungstafel hinzukam. Die Tafel ist vertikal weit über Augenhöhe befestigt, so dass sie von den Kunden in der Regel nicht wahrgenommen wird. Zudem wird die Sicht auf sie im Sommer durch ein saisonal angebrachtes Sonnensegel eingeschränkt, das die starke Solareinstrahlung durch die Dachverglasung abhalten soll.

In der Bibliothek besteht kein Informationssystem mit der Kennzeichnung der in der Bibliothek verwendeten Systematik ASB einschließlich der Interessenkreise. Neukunden wird die ASB, nach der in der Bibliothek systematisiert und platziert ist, nicht vorgestellt. Bei der Anmeldung erhalten sie die Benutzerordnung und die Entgeltordnung.

Informationstafeln in der Bibliothek müssen die erste Ebene der Systematik abbilden. Weitere Informationsschilder, die die Gliederungsebenen aufzeigen, sollten bei jedem der Bereiche platziert werden. Ebenso sollte zumindest die erste Ebene der Systematik auf der Internetseite der Bibliothek abgebildet sein.

Es empfiehlt sich, ein Faltblatt mit den Angeboten der Bibliothek, dem Lageplan und der Übersicht über die Systematik zu drucken, das die Neukunden bei der Anmeldung mit einer entsprechenden Erläuterung erhalten.

Zusätzliche Maßnahmen auch hier zur Unterstützung der Orientierung des Kunden sind Bibliotheksführungen.[69] In der ersten Zeit der Neuplatzierung empfehlen sich Bibliotheksführungen, die die bisherigen Kunden mit der Neuplatzierung und deren sinnvollen Struktur bekannt machen. Regelmäßige Führungen, beispielsweise ein- oder zweimal im Monat während der Öffnungszeiten, sollten Neukunden eine Einführung ermöglichen.

---

[69] Die Stadtbibliothek bietet an den öffnungsfreien Montagen Bibliotheksführungen für Schulklassen an.

3.2.6 Umsetzung der Neuplatzierung

Nachdem man sich zunächst dazu entschieden hatte, die *Belletristik* umzustellen und die Interessenkreise weitestgehend aufzulösen, wurde beschlossen, in der ganzen Bibliothek den zweiten, oben aufgezeigten Platzierungsvorschlag umzusetzen. Die Neuplatzierung fand von Juli bis Mitte September 2006 statt.

Vorab wurden die Medienbestände durchgesehen und auszusondernde Exemplare aus dem Bestand genommen. Das angestrebte Kriterium war, dass die Medien, die in den letzten drei Jahren nur bis zu drei oder keine Ausleihen erzielen konnten, aussortiert wurden.

Die Neuplatzierung fand ohne Schließungszeit, bis auf die Umplatzierung der Informationstheke ohne zusätzliches Personal und mit den vorhandenen Materialkapazitäten statt. Die Umsetzung erfolgte morgens vor der Öffnung der Bibliothek und an den öffnungsfreien Montagen mit dem Bibliothekspersonal. Die Bibliothekare waren für ihre jeweiligen Bereiche zuständig. Es konnte auf gelagerten Regalbestand zurückgegriffen werden. Eine entsprechende Planung ermöglichte die Neuplatzierung ohne Zwischenlagerung der Bücher.

Die Umstellung begann mit der Neuplatzierung der *Belletristik* im Obergeschoss des Anbaus der Bibliothek. Danach wurde in dem Erdgeschoss des Anbaus und dann in dem ursprünglichen Gebäude neu platziert.

Im Obergeschoss bei der *Belletristik* entstand durch die Bestandsreduktion und die Anbringung von Wandregalen Regalplatz für die Bücher aus dem Erdgeschoss. Die alphabetisch aufgestellten *Romane* wurden als wandorientierte Platzierung mit Wandregalen und kojenbildenden Doppelregalen ausgeführt. Die Interessenskreise *Abenteuer, Andere Länder, Biographie, Familie, Frauen/Neue Frau, Heimat, Historie* und *Horror* wurden aufgelöst und die Bücher in die alphabetische Aufstellung einsortiert.[70] Bestehen blieben als Platzierung die Genres *Fantasy, Krimi/Thriller*[71] und *Science*

---

[70] Die Standortangabe im OPAC wurde entsprechend geändert.
[71] Die bisher als zwei Interessenskreise geführten wurden zu einem, alphabetisch geordneten aufgestellt.

Fiction. Die Bereiche *Anthologien, Lyrik* und *Märchen* finden als freistehende Aufstellung statt. Die Neuerwerbungen der *Belletristik* sind in zwei Wandregalen frontal präsentiert.

Im Erdgeschoss des Anbaus blieben von der *Belletristik* die Bereiche *Fremdsprachige Belletristik* und *Großdruck* bestehen. Zudem wurden, nachdem der Raum von den in das Obergeschoss umplatzierten Medien freigeworden war, die *Hörbücher* und die Bereiche *Sprache* und *Literatur* platziert.[72]

In dem freigewordenen Bereich der ursprünglichen Platzierung von *Literatur* und *Sprache* wurden in einer geänderten Regalaufstellung auf der einen Seite des Ganges die Bereiche *Philosophie* und *Religion* sowie auf der anderen Gangseite *Psychologie* und *Pädagogik* platziert. Der Gang wurde aufgrund seiner Funktion als Hauptgang an dieser Stelle breiter angelegt.

Durch die Umplatzierung von *Religion* und *Philosophie* von der nach unten versetzten Ebene war der Platz geschaffen für die Neuplatzierung des Bereiches *Kunst,* die Aufstellung der *Comics* sowie der *Spielfilm-DVDs,* der *Sach-DVDs*[73] und der *Videos*[74]. *Musik, Tanz, Theater und Film* und die *Musik-CDs* wurden in ihrer Aufstellung leicht geändert.

Der Rest der Umstellung fand an einem Montag im September 2006 statt.

An diesem Tag wurde die Informationstheke nach vorne platziert und die letzten Regale abgebaut oder versetzt und die Medien umgeräumt.

Allgemeines wurde in die neu angebrachten Wandregale bei der Informationsstelle geräumt.

Die Regale mit den blauen Leitern im hinteren Bereich der Bibliothek bei den Computerarbeitsplätzen einschließlich der Arbeitstische und der Unterschränke wurden abgebaut und Regale mit weißen Leitern angebracht.

---

[72] Bei dem Bereich *Literatur* wurden später die signierten Fotos der Autoren, die in der Stadtbibliothek zu Gast waren, über den Regalen an der Wand befestigt. Die Bilder hingen vorher im Untergeschoss der Bibliothek im Veranstaltungsraum.

[73] Die Stadtbibliothek Siegburg hatte sich entschlossen, die *Sach-DVDs* aus den Bereichen rauszuziehen und getrennt aufzustellen.

[74] Die Bibliothek hat im Jahr 2007 den Bestand der Videos stark reduziert und beschlossen, nur noch DVDs zu führen.

Zusätzlich wurden zwei weitere Wandregale angebracht. Auf der linken Raumseite wurde *Technik* platziert und auf der anderen Seite des Raumteils die drei Bereiche *Wirtschaft*, *Recht* und *Sozialwissenschaften*.

Die ursprünglichen Regale von *Psychologie* und *Pädagogik*, die auf dem geplanten Hauptgang standen, wurden abgeschlagen. Dadurch wurde ein durch die Bibliothek führender Hauptgang geschaffen. Die restlichen Regale wurden etwas versetzt und dort wurde *Landwirtschaft* aufgestellt. *Hauswirtschaft*, *Freizeit* und *Sport* sowie *Geographie* wurden im mittleren Bereich der Bibliothek platziert. Die Regale auf der höher gelegenen Ebene wurden abgebaut und die *Zeitschriften/Zeitungen* in ihren Schränken dort platziert. Schließlich wurden die Regale bei *Geschichte* neu platziert und die Medien entsprechend gezogen sowie *Heimatkunde* aufgestellt. Die *Biographische Literatur* fand zunächst Platz neben der *Heimatkunde*, da man sich nicht dazu entschließen konnte, die Gruppe aufzulösen.

Schließlich wurde in dem Jahr der Umstellung ein Orientierungssystem mit den Lageplänen der Bibliothek realisiert, das auf fünf Orientierungsplanständern sowie an der Wand bei den Rechnern zur OPAC-Recherche über die Platzierung der Bereiche informiert. Im Eingangsbereich und von dort aus in regelmäßigen Abständen am Hauptgang sind die Lagepläne platziert. (Siehe Foto 78 und die Abbildung 24, die die vorgesehene Position der Lageplanständer markiert.)

Im Januar 2007 wurde die Neuplatzierung unter großer Resonanz bei einer Pressekonferenz der Öffentlichkeit vorgestellt. Die Tageszeitungen der Region, u. a. der Kölner Stadt-Anzeiger und die Kölnische Rundschau berichteten über die erfolgreiche Umstellung.

Die Neuplatzierung in der Stadtbibliothek Siegburg wurde auf zwei Bibliothekskonferenzen der benachbarten Kreise im März und Oktober 2007 und bei einem Seminar im Januar 2009 in der Stadtbibliothek Siegburg vorgestellt. Im Rahmen dieser Veranstaltungen fanden Führungen in der Bibliothek statt. Die Umstellung wurde zudem durch einen Beitrag in der Zeitschrift BuB - Forum Bibliothek und Information in der Ausgabe 5/2008 kommuniziert.

Die folgenden Fotos zeigen die Bibliothek nach der Umstellung.

Foto 75: NP Informationsplatz - Stadtbibliothek Siegburg

Foto 76: NP Hauptgang - Stadtbibliothek Siegburg

Foto 77: NP Belletristik - Stadtbibliothek Siegburg

Foto 78: NP Lageplanständer - Stadtbibliothek Siegburg

Abbildung 24: Platzierung Lageplanständer -
Stadtbibliothek Siegburg

3.2.7 Ergebnisse der Neuplatzierung

Als wesentliche Ergebnisse der Neuplatzierung lassen sich die verbesserte Orientierungsmöglichkeit bei einer angenehmeren Atmosphäre sowie gesteigerte Entleihungen nennen.

Seit der Neuplatzierung lässt sich durch die Bibliotheksmitarbeiter ein deutlicher Rückgang bzw. das Wegbleiben von Orientierungsfragen an der Informations- und der Verbuchungstheke feststellen. Neue Kunden haben in der Regel keine Orientierungsprobleme in der Bibliothek, die alten Kunden hatten natürlich zunächst etwas Eingewöhnungsbedarf.

Die Kunden erschließen nun, indem sie dem Hauptgang folgen, die Bibliothek.

Bei der *Belletristik* zeigt sich durch das Auflösen der vielen Interessenkreise und die alphabetische Aufstellung der *Romane* die Vereinfachung bei der Suche der Bücher. Dazu reduziert sich der Aufwand beim Einstellen der Medien. Auch die Kunden, die bisher bei der *Belletristik* die Aufstellung nach Interessenkreisen bevorzugten, präferieren nun die Aufstellung nach Alphabet und haben durch die neue Aufstellung neue Autoren und Interessen für sich entdeckt.

Die zusammenhängende Aufstellung der *Belletristik* auf einer Etage hat sich bewährt. Das Obergeschoss ist seitdem besser besucht.

Die Orientierung bei den *Zeitschriften* und *Zeitungen* fällt nun leichter, da die Aufstellung ermöglicht, den Gesamtbestand blicklich zu erfassen. Auch die eigene Platzierung auf der erhöhten Ebene wird gut angenommen.

Durch die Neuplatzierung auf der erhöhten Ebene und dem freigewordenen Platz unterhalb dieser ist eine Bühne einschließlich Raum für Bestuhlung entstanden, die von der Bibliothek für Veranstaltungen wie Aufführungen und Lesungen genutzt wird.

Grundsätzlich zeigt sich nach der Neuplatzierung in allen Bereichen ein Anstieg der Ausleihen.

Die folgende Abbildung 25 zeigt die Ausleihzahlen für ausgewählte Sachbereiche für die Jahre 2005 und 2007, bei denen eine besonders hohe
Steigerung erfolgte.[75]

Abbildung 25: Entleihungen - Stadtbibliothek Siegburg

Bereiche	Entleihungen 2007	Entleihungen 2005	Bestand 2007	Steigerung [%]
Allgemeines	1.734	1.123	426	54,41
Geographie	13.420	9.967	2.506	34,64
Psychologie	6.945	5.806	1.354	19,62
Kunst	3.319	2.630	1.201	26,20
Belletristik	63.339	49.811	9.395	27,16

Bei dem Bereich *Allgemeines* sind die Entleihungen in den zwei Jahren um
über 50 % gestiegen. *Geographie* weist eine Ausleihsteigerung von über
30 % auf. *Kunst* und die *Belletristik* haben Ausleihsteigerungen von über
25 % und *Psychologie* von fast 20 %.

Diese Bereiche wiesen vor der Umstellung keine eindeutig abgegrenzte
Platzierung, wie der Bereich *Allgemeines*, der vorher an zwei Standorten
platziert war, oder eine nicht sichtbare Platzierung, wie der vorher verdeckt
platzierte Bereich *Kunst*, auf.

---

[75] Die Sachgruppenstatistik stimmt nicht mit der Gesamtstatistik überein.

3.3 Stadtbücherei Wesseling

Die Stadtbücherei Wesseling befindet sich im Rathaus, an zentralem Standort der Stadt Wesseling.[76] Sie liegt im Untergeschoss des Gebäudes. Ihr ist eine Artothek angeschlossen. Eine Ausleuchtung durch Tageslicht findet nur im vorderen Fensterbereich statt, die eigentlichen Bibliotheks- und Artotheksräume werden mit Kunstlicht erhellt.

Die Bücherei platzierte im Jahr 2008 den Bestand des Erwachsenenbereiches neu und stattete den Sachbereich mit neuen Bestandsträgern aus.[77] Entsprechend beziehen sich die Zahlen auf die Jahre 2007 bis 2009.

3.3.1 Ursprüngliche Platzierung

Der Bibliotheks- und Artotheksbestand erstreckt sich auf ungefähr 470 m². Der Medienbestand ist in einem Vorraum und zwei weiteren Räumen (Raum 1 und Raum 2) auf 450 m² platziert. Der Bestand der Artothek wird auf einer Bilderwand in Raum 1 präsentiert sowie ist in zwei Räumen (Raum 1.1 und Raum 1.2), die sich an diesen Raum 1 anschließen, auf 20 m² untergebracht.

Der Freihandbereich umfasste im Jahr 2007 einen Bestand von 30.381 Medien. Dieser verteilte sich auf 26.103 Print-Medien und 4.278 Non-Print-Medien. Die Bibliothek verzeichnete im Jahr 2007 1.545 Entleiher und 54.126 Entleihungen.

Die in der Bibliothek verwendete Systematik ist die „Systematik der Stadtbibliothek Duisburg" (SSD). Bei der *Belletristik* werden sieben Interessenkreise gebildet.

Die folgende Abbildung 26 zeigt die Lagepläne der Räume 1 und 2 sowie 1.1 und 1.2. Die Platzierung der Bereiche ist durch die in der Bibliothek bestehende Beschriftung kenntlich gemacht.

---

[76] Zudem besteht eine Schulbibliothek der Stadtbücherei in der Schule.
[77] Die Neugestaltung fand als Landesmittelprojekt statt.

Abbildung 26: Ursprüngliche Platzierung - Stadtbücherei Wesseling

Untergeschoss

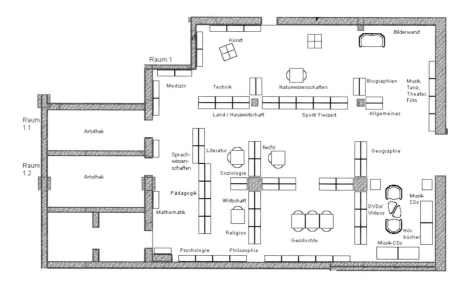

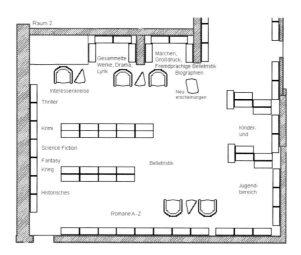

In dem nicht abgebildeten Vorraum sind der Anmeldungs-, Informations- und Verbuchungsplatz, die Rechner zum Recherchieren im Bibliothekska- talog und die Rechner mit Internetzugang platziert. Seitlich des auf einer höheren Ebene liegenden Eingangsbereiches stehen die *Zeitschriften* und *Zeitungen*. Der im Vorraum aufgestellte Kinder- und Jugendbereich erstreckt sich in den anschließenden Raum 2. Die Bücherei setzt im Vorraum regel- mäßig Befristete Platzierungen mit themenbezogener Dekoration um.

Es findet eine räumliche Trennung des Sachbereiches und der *Belletristik* durch die Aufstellung in dem Raum 1 und in dem Raum 2 statt.

Die Regalaufstellung in Raum 1 besteht aus Kojen und gerader Regalauf- stellung. Im Eintrittsbereich des Raumes ist der Bereich *Musik, Tanz, Thea- ter und Film* mit dem Buchbestand auf der rechten Raumseite und den *Musik-CDs* und *DVDs/Videos* sowie zudem den *Hörbüchern* auf der linken Raumseite platziert. An die digitalen Medien schließen sich *Geographie*, *Geschichte* und *Recht* an. Es folgen im hinteren Teil des Raumes links die Bereiche *Soziologie, Wirtschaft, Religion, Literatur, Pädagogik* und *Sprach- wissenschaften* als freistehende Aufstellung sowie *Philosophie, Psychologie* und *Mathematik* als Wandaufstellung. Auf der rechten Raumseite sind *Me- dizin* und *Kunst* als Wandplatzierung ausgeführt. Daran anschließend ist im vorderen Raumbereich die Bilderwand der Artothek präsentiert. Auf der freistehenden, den Raum längs durchziehenden Doppelregalreihe sind *Allgemeines, Biographien, Sport/Freizeit, Naturwissenschaften, Land-/Haus- wirtschaft* sowie *Technik* platziert. An der hinteren, dem Eingang des Rau- mes gegenüberliegenden Wand befinden sich die Zugänge zu der Artothek.

In Raum 2 besteht eine überwiegend gerade Regalaufstellung, auch exis- tieren zwei Kojen. Bei der *Belletristik* sind die alphabetisch platzierten *Ro- mane* in Wandaufstellung und gerader, freistehender Aufstellung ausge- führt. Die Interessenkreise *Historisches, Krieg, Fantasy, Science Fiction, Krimi* und *Thriller* sind in dieser Reihenfolge als Wandplatzierung aufge- stellt. Ebenfalls als Wandplatzierung in zwei Kojen stehen die *Gesammel- ten Werke, Drama* und *Lyrik* sowie *Märchen, Großdruck, Fremdsprachige Belletristik* und ein Interessenkreis *Biographien*. Als Befristete Platzierung sind die Neuerscheinungen der Belletristik platziert.

Die folgenden Fotos zeigen Bereiche der Bibliothek.

Foto 79: UP Sachbereiche - Stadtbücherei Wesseling

Foto 80: UP Frontal zum Gang stehende Regale - Stadtbücherei Wesseling

Foto 81: UP Interessenkreise der Belletristik - Stadtbücherei Wesseling

Foto 82: UP Koje Bereiche der Belletristik - Stadtbücherei Wesseling

3.3.2 Platzierungsanalyse

Im Folgenden werden Schwachstellen der Platzierung aufgezeigt.[78] In der Abbildung 27 sind in den Lageplänen wesentliche Schwachstellen markiert.

Abbildung 27: UP Schwachstellen - Stadtbücherei Wesseling

Untergeschoss

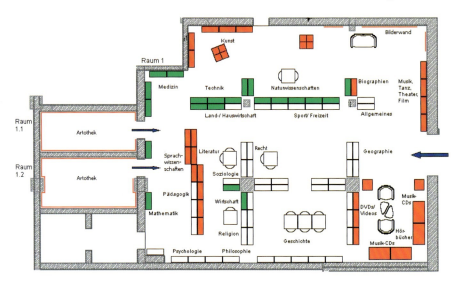

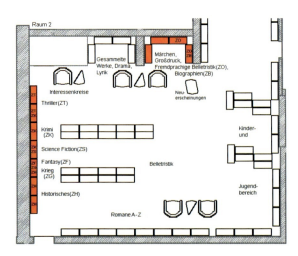

Die Regalaufstellung in Raum 1 der Bücherei erschließt dem Kunden die Bereiche weder durch eine entsprechende Gangführung noch durch eine offene, einladende Aufstellung.

Vom Eingangsbereich aus gibt es keinen freien Blick auf die gegenüberliegende Wand bzw. auf die Durchgänge zu den Räumen der Artothek. Er wird den in den Raum eintretenden Kunden durch die frontale Aufstellung der Regale mit der Platzierung des Bereiches *Geographie* und dahinter der Bereiche *Recht* und *Soziologie* sowie *Literatur* und *Sprachwissenschaften* verwehrt. (Siehe Abbildung 27 und <u>Foto 80</u>.)

Die Platzierung des Kinder- und Jugendbereiches im Durchgangsbereich[79] stellt für diesen einen ungünstigen, da keinen eigenständigen Standort dar.

Die Bereiche sind nicht durchgängig nach den Kognitiven Kategorien der Kunden angeordnet.[80] Dies betrifft zunächst die Trennung in den Sachbereich und die *Belletristik* und weiterhin die Aufstellung der einzelnen Bereiche zueinander.

Die Bereiche *Literatur*, *Sprachwissenschaften* und *Biographien* mit der Platzierung in Raum 1 und der Bereich *Belletristik* in Raum 2 sind nicht zusammen aufgestellt. Der Bereich *Sprachwissenschaften* steht zudem nicht in Platzierungszusammenhang zu *Fremdsprachiger Belletristik*. Die *Hörbücher* sind nicht der *Belletristik* zugestellt, sondern sind bei bzw. zwischen den *Musik-CDs* aufgestellt. Die Interessenkreise *Historisches*, *Krieg*, *Fantasy*, *Science Fiction*, *Krimi* und *Thriller* stehen zusammen als Wandplatzierung, der Interessenkreis *Biographien* steht getrennt von diesen in der Koje bei den *Märchen*, dem *Großdruck* und der *Fremdsprachigen Belletristik*.

Der Bereich *Kunst* und die Bilderwand der Artothek sind zusammenhängend dargeboten, die Artothek ist in den Räumen 1.1 und 1.2 platziert.[81]

Insgesamt sind die Bereiche des Clusters 1.1 nicht zusammenhängend platziert und die Bereiche in Raum 1 verteilt über diesen Raum aufgestellt.

---

[79] Der Bereich ist zudem vor den Zugängen zu den Toiletten aufgestellt.
[80] Auch sind sie nicht durchgängig nach der Systematik strukturiert.
[81] Der Bilderbestand der Artothek steht zum Teil auf dem Fußboden.

Die weiteren Bereiche sind überwiegend in ihren Untergruppen nach den Kognitiven Kategorien, aber nicht im Gesamten nach diesen aufgestellt.

Beispielsweise fehlt bei *Wirtschaft* der Bezug zu *Technik* und *Landwirtschaft* durch die Aufstellung des Bereiches neben *Religion* und gegenüber von *Literatur*. *Mathematik* ist gegenüber von *Pädagogik* und neben dem Zugang zu den Räumen der Artothek platziert. *Medizin* ist neben *Kunst* aufgestellt, eine Platzierung in räumlicher Nähe zu *Naturwissenschaften* und *Psychologie* ist nicht gegeben.

Bei der *Belletristik* findet die Platzierung der Interessenkreise sowie der *Märchen*, des *Großdruckes* und der *Fremdsprachigen Belletristik* nicht als eindeutig von einander abgegrenzte statt, auch erfolgt die Beschriftung nicht durchgängig und stimmt nicht immer mit der Platzierung überein.

Bei den Interessenkreisen ist beispielsweise der Interessenkreis *Fantasy* nicht über dem Regal beschriftet. Die Beschriftung des vom dritten Regalbrett des vierten Regals über das fünfte Regal bis zum ersten Regalbrett des sechsten Regals platzierten Bereiches *Krimi* ist über dem fünften Regal angebracht, während das vierte Regal nur mit dem ebenfalls dort aufgestellten Bereich *Science Fiction* und das sechste Regal mit dem dort aufstellten Bereich *Thriller* beschriftet ist. (Siehe Abbildung 27 und Foto 81.)

In der Koje mit der Platzierung u. a. des Bereichs *Großdruck* ist lediglich dieser durch Beschriftung kenntlich gemacht. Die *Fremdsprachige Belletristik* ist über zwei Regale aufgestellt. Auf dem dritten Regal der Koje ist sie auf vier Regalbrettern vom zweiten bis zum fünften Brett platziert und auf dem vierten Regal auf dem fünften Regalbrett. Auf dem ersten bis zum vierten Regalbrett des vierten Regals steht der Interessenkreis *Biographien*. (Siehe Abbildung 27 und Foto 82.)

Auch sind die Interessenkreise nicht gleich stark besetzt. Während die Interessenkreise *Historisches*, *Krimi* und *Thriller* jeweils auf ungefähr neun bis zehn Regalbrettern platziert sind, sind die Interessenkreise *Krieg*, *Fantasy* und *Science Fiction* auf ungefähr zwei bis drei Regalbrettern ausgeführt.

Die Regale sind insbesondere bei der *Belletristik* mit fünf komplett besetzten Regalreihen zu vollgestellt.

3.3.3 Platzierungsvorschlag

Entsprechend der Platzierungsanalyse wurden Platzierungsvorschläge aus-gearbeitet. Der erste Vorschlag berücksichtigt für den Kinder- und Jugend-bereich eine eigenständige Platzierung, der zweite Vorschlag die Beibehal-tung seiner Platzierung. Die Platzierungsvorschläge berücksichtigen bei der Aufstellung die assoziativen Beziehungen der Bereiche zueinander und eine offene Regalaufstellung. Die zukünftigen Bestandsgrößen der Gruppen so-wie das Auflösen oder Hinzufügen einzelner Gruppen wurden ermittelt und eingeplant. Die Durchsicht und Reduktion des Bestandes ermöglicht eine freiere Platzierung der Medien.

Im ersten Fall werden die Bereiche des Clusters 1.1 als zusammenhängen-de Aufstellung in dem Vorraum und dem Raum 2 umgesetzt.[82] Die Berei-che der Cluster 1.2 und 2 werden in Raum 1 platziert. Der Kinder- und Jugendbereich wird in dem hinteren Bereich des Raums 1 und den Räu-men 1.1 und 1.2 platziert.[83]

Im zweiten Fall werden Platzierungsänderungen nur für den Erwachsenen-bereich vorgenommen. Dabei sind die Bereiche des Clusters 1.1.1 in Raum 2 platziert und die Bereiche der Cluster 1.1.2, 1.2 und 2 in den Räumen 1, 1.1 und 1.2.

Die folgenden Lagepläne zeigen den von der Stadtbücherei Wesseling um-gesetzten zweiten Platzierungsvorschlag.[84]

---

[82]   Der Bereich *Kunst* mit der Artothek wird in dem Vorraum platziert. Es wird eine Bilderwand geschaffen, auf die der Blick der eintretenden Kunden fällt. Die weite-ren Bilder werden in einem entsprechenden Bilderschrank mit ausziehbaren Wän-den zur Präsentation untergebracht. Daran an schließt sich in dem Raum 2 der Bereich *Musik, Tanz, Theater und Film* mit den *Musik-CDs* und den *DVDs*. Als Variante bietet sich an, in dem Vorraum *Musik, Tanz, Theater und Film* mit den *Musik-CDs* und den *DVDs* aufzustellen und den Bereich *Kunst* und die Artothek in Raum 2 anzuschließen, wobei ein Teil der Bilder an den Wänden des Durch-gangs zu Raum 2 präsentiert werden könnte. Weiterhin sind in dem Raum 2 die *Sprachwissenschaften*, die *Literatur* und die *Belletristik* aufgestellt.

[83]   Die Räume 1.1 und 1.2 könnten als Lesehöhlen gestaltet und dekoriert werden.

[84]   Sollte der Kinder- und Jugendbereich zu einem späteren Zeitpunkt umgestellt wer-den, ist dies beispielsweise u. a. durch den Tausch der Platzierung mit *Musik, Tanz, Theater und Film* sowie *Kunst* möglich.

Abbildung 28: Platzierungsvorschlag - Stadtbücherei Wesseling

Untergeschoss

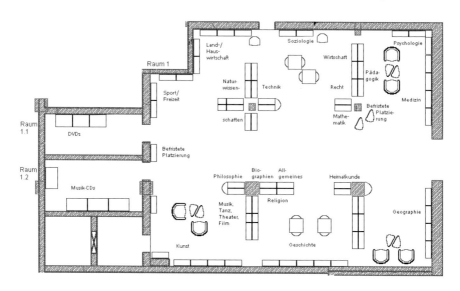

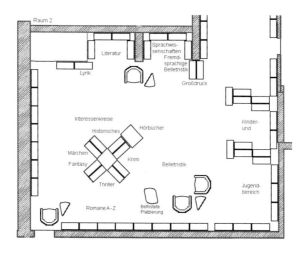

Im Raum 1 sind auf der linken Raumseite zunächst *Geographie*, *Heimatkunde* und *Geschichte* platziert. *Heimatkunde* erfolgt als eigene Platzierung neben *Geographie*; der Bereich ist bisher eine Untergruppe von *Geschichte*. Bei *Geschichte* steht *Religion* aufgestellt. Es schließen sich auf den anderen Regalseiten *Allgemeines* und *Biographien* sowie daneben *Philosophie* an.

Im hinteren Bereich des Raumes sowie in den beiden kleinen Räumen werden die Bereiche *Musik*, *Tanz*, *Theater und Film* mit den *Musik-CDs*, den *DVDs* und zurzeit noch den *Videos* und *Kunst* platziert. Die Artothek soll nach den Planungen der Bibliothek einen Standort in dem Vorraum erhalten.

Daran schließen sich von der hinteren zur vorderen rechten Raumseite die Bereiche *Sport/Freizeit*, *Land- und Hauswirtschaft*, *Naturwissenschaften*, *Mathematik*, *Technik*, *Wirtschaft*, *Soziologie* und *Recht* sowie *Pädagogik*, *Psychologie* und *Medizin* an.

In dem Raum 2 sind die *Belletristik*, die *Sprachwissenschaften* und die *Literatur* aufgestellt.

Bei der *Belletristik* sind die Romane als Wandaufstellung bzw. Wand geführte Aufstellung alphabetisch ausgeführt. Es schließt sich die *Lyrik* an.

Literatur sowie *Sprachwissenschaften* und in Zusammenhang dazu *Fremdsprachige Belletristik* stehen in den beiden Kojen. Der *Großdruck* ist daneben in einem Doppelregal platziert.

In der Raummitte sind auf Doppelregalen die *Märchen* und die Interessenkreise *Fantasy*, *Historisches*, *Krimi* und *Thriller* sowie in einem Trog die *Hörbücher* aufgestellt.

Befristete Platzierungen sind nun zu den dekorierten im Vorraum und den Neuerscheinungen der *Belletristik* in dem Raum 2 auch in dem Raum 1 vorgesehen.

Die Lage der Stadtbücherei Wesseling in dem Rathaus bietet sich an, um in dessen Eingangsbereich Befristete Platzierungen in einer Vitrine auszustellen und dadurch die Mitarbeiter und Besucher auf die Bücherei aufmerksam zu machen.

3.3.4 Beschilderung

Im Rahmen der Neuplatzierung wird zur zusätzlichen Verbesserung der Orientierung der Kunden vorgeschlagen, die Beschilderung zu erweitern.

Das Orientierungssystem der Bücherei besteht aus der Schilderbeschriftung der Regale mit dem Namen des Bereiches.

Die Bücherei verfügt über keinen Orientierungsplan, der die Platzierung der Bereiche abbildet und benennt. Auch besteht kein Informationssystem mit der Kennzeichnung der verwendeten Systematik „SSD" einschließlich der Interessenkreise. Es wird vorgeschlagen, den Lageplan mit der Systematik in der Bibliothek zu platzieren und als digitale Ausführung auf den Internetseiten der Stadt, auf denen die Bibliothek präsent ist, aufzuzeigen.[85] Die Lagepläne sollten eine entsprechende farbliche Markierung der Regale der Bereichsgruppen aufweisen und die Bereiche benennen. Mit dem OPAC vernetzte Lagepläne können durch eine farbliche Markierung nur der Regale des entsprechenden Bereichs den Standort der gesuchten Medien anzeigen.

Als Farbmarkierung wird die Markierung mit den Farben Rot, Gelb und Grün für den Erwachsenenbereich vorgeschlagen. Die Farbe Rot kennzeichnet die Bereiche *Belletristik, Fremdsprachige Belletristik, Sprachwissenschaften, Literatur, Philosophie, Kunst, Musik, Tanz, Theater und Film,* die *Musik-CDs,* die *DVDs* und die Artothek. Gelb werden die Bereiche *Geographie, Heimatkunde* und *Geschichte, Religion, Allgemeines* und *Biographien* und Grün die Bereiche *Sport/Freizeit, Land- und Hauswirtschaft, Naturwissenschaften, Mathematik, Technik, Soziologie, Wirtschaft, Recht, Pädagogik, Psychologie* sowie *Medizin* markiert. Der Kinder- und Jugendbereich kann mit der Farbe Blau markiert werden.

---

[85] Die Bücherei verfügt über keine eigene Internetseite.

Abbildung 29: Platzierung mit Farbmarkierung - Stadtbücherei Wesseling

Untergeschoss

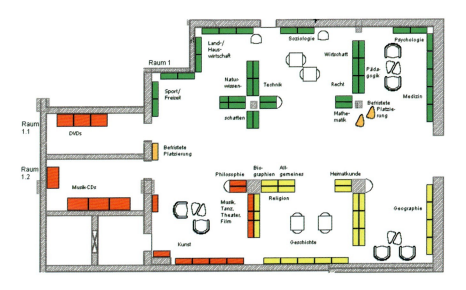

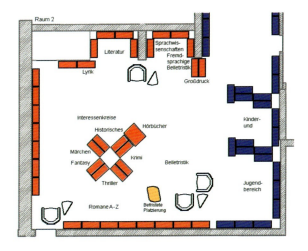

3.3.5 Umsetzung der Neuplatzierung

Die Stadtbücherei Wesseling platzierte den Erwachsenenbereich entsprechend dem zweiten Vorschlag im September 2008 neu. Die Umstellung erfolgte ohne Schließungszeit.

Vorab wurde der Bestand durchgesehen und Medien aussortiert. Der Bestand reduzierte sich von 30.381 Medien auf 26.767, d.h. um 11,90 %. Insbesondere der Bereich *Belletristik* wurde um 25,13 % von 6.390 Medien auf 4.784 reduziert.

Es erfolgte zuerst die Neuplatzierung in Raum 2, anschließend in Raum 1, Raum 1.1 und Raum 1.2.

In Raum 2, in dem *Sprache*, *Literatur* und *Belletristik* platziert wurden, blieb der alte Regalbestand bestehen. Da die Wandregale weiße Leitern besaßen, wurden die schwarzen der freistehenden Regale später ebenso in Weiß lackiert. Es wurde ein Trog für die Hörbücher angeschafft. (Siehe Foto 85 mit den noch nicht umlackierten Leitern der Doppelregale.)

Bei der *Belletristik* erfolgten die alphabetisch aufgestellten *Romane* als Wandaufstellung und die Interessenkreise als freistehende. Die Interessenkreise *Biographien* und *Krieg* sowie die Gruppen *Gesammelte Werke* und *Drama* wurden aufgelöst und die Bücher in die alphabetische Aufstellung einsortiert. Die Interessenkreise *Fantasy*, *Historisches*, *Krimi*, *Science Fiction* und *Thriller* sowie die *Märchen* wurden in vier durch Aussonderung freigewordene Doppelregale gestellt, so dass die alphabetisch sortierten *Romane* in die freigewordenen Wandregale aufgestellt werden konnten. Es wurden zusätzliche Wandregale angebracht, in das letzte Wandregal wurde die *Lyrik* platziert. Der *Großdruck* wurde in einem Doppelregal aufgestellt. Die restlichen Doppelregale wurden abgeschlagen.

In den Regalen der beiden Kojen wurden *Literatur* sowie *Sprachwissenschaften* und *Fremdsprachige Belletristik* platziert.

Die *Hörbücher* wurden bei den Interessenkreisen in dem Trog platziert.

In Raum 1 wurde überwiegend neuer Regalbestand angeschafft. Ein Teil der Wandregale blieb erhalten und die schwarzen Regalleitern wurden Grau entsprechend der neuen Leitern lackiert.

Die alten, freistehenden Doppelregale mit dem Medien-, d. h. im eigentlichen Buchbestand, wurden im Raum 1 zur Seite gesetzt. Der freibleibende Raum diente der Aufstellung der neuen Doppelregale, die an zwei Tagen aufgebaut wurden.

Die Bilder der Artothek wurden in Raum 1.2 platziert. In Raum 1.1 wurden die Tröge mit den *Musik-CDs* und den *DVDs* aufgestellt. Die Artothek sollte zu einem späteren Zeitpunkt ihren neuen Standort im Eingangsbereich der Bibliothek und die *DVDs* in dem Raum 1.2 erhalten.

Die neuen Doppelregale wurden an den vorgesehenen Standorten platziert. Die neuen, zusätzlichen Wandregale wurden an Standorten, an denen vorher keine Regale befestigt waren, angebracht. Die Bücher wurden unmittelbar nach dem Aufbau bzw. der Anbringung der Regale eingestellt.

Die freigewordenen, nicht mehr benötigten Doppelregale wurden abgeschlagen. Die alten Wandregale wurden abmontiert, neu lackiert und wieder angebracht. Auch sie wurden mit den vorgesehenen Büchern bestellt.

Themenbezogene Bilder wurden bei den *Musik-CDs* und den *DVDs* an der Wand über dem Bereich angebracht.

Eine Pressekonferenz fand im November 2008 statt. Tageszeitungen, u. a. der Kölner Stadt-Anzeiger, haben über die Neugestaltung berichtet. Auch eine Pressemitteilung der Stadt Wesseling erfolgte im Januar 2009 und ist auf den Internetseiten der Stadt abrufbar.

Die Umstellung in der Stadtbücherei Wesseling wurde den Vertretern der Politik der Stadt im Dezember 2008 präsentiert sowie den Kollegen anderer Bibliotheken auf der Kreisbibliothekskonferenz im Oktober 2008 und bei einem Seminar in Theorie und Praxis im März 2009 vorgestellt, jeweils mit einer Führung in der Bücherei. Die Neuplatzierung wurde durch einen Beitrag in der Zeitschrift ABI-Technik in der Ausgabe 1/2009 kommuniziert.

Die folgenden Fotos zeigen die Bibliothek nach der Neuplatzierung.

Foto 83: NP Koje Geografie - Stadtbücherei Wesseling

Foto 84: NP Koje Sachbereiche - Stadtbücherei Wesseling

Foto 85: NP Belletristik - Stadtbücherei Wesseling

Foto 86: NP Dekorierte Platzierung „Herbst" - Stadtbücherei Wesseling

3.3.6 Ergebnisse der Neuplatzierung

Im Ergebnis zeigt sich durch die offene Aufstellung in den beiden Räumen die komplett veränderte, angenehme Atmosphäre in der Bibliothek.

Es besteht eine deutliche Verbesserung der Orientierung durch die neue Platzierung.

Die gemeinsame Platzierung von *Belletristik*, *Literatur* und *Sprache* hat sich bewährt. Gerade der Zusammenhang von *Belletristik* und *Literatur* wird von den Kunden gut angenommen.

In dem Raum 2 zeigen insbesondere die Platzierung der *Heimatkunde* als selbstständige am Gang und die Platzierung der *Musik-CDs* und *DVDs* gute Ergebnisse.

Die *Heimatkunde* wird gerade von älteren Kunden der Stadt jetzt erfreut wahrgenommen.

Durch die Neuplatzierung der Mediathek in dem Raum 1.2 gehen die Kunden durch den Raum 1 dorthin, und es zeigt sich bei konstant gebliebenen Entleihungen dieser Medien ein Mitnahmeeffekt im Vorbeigehen, da die Kunden auf dem Weg zurück auch Medien anderer Bereiche mitnehmen. Bisher betraten die Kunden, die nur zum Entleihen der *Musik-CDs* und *DVDs* in die Bibliothek kamen, lediglich den linken vorderen Teil des Raumes und verließen die Bibliothek danach wieder. Die Platzierung der Mediathek zeigt den Zusammenhang der Wertigkeit zwischen dem Platzierungsort und der Attraktivität der digitalen Medien bei gleichzeitig offener Regalaufstellung. (Siehe Abbildung 30.)

Die Kunden nutzen gerne die neuen Sitzmöglichkeiten.

Bei den Entleihungen im Sachbereich zeigt sich im Vergleich zum Vorjahr eine Steigerung um ungefähr 25 %.

Abbildung 30: Platzierung Mediathek - Stadtbücherei Wesseling

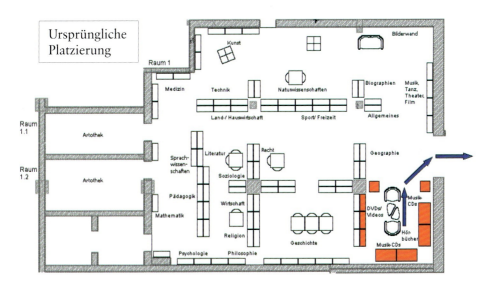

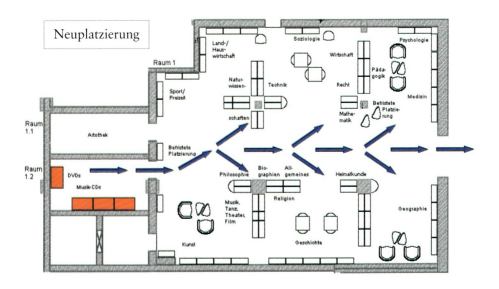

4 Zusammenfassung

Die Attraktivität und damit die Aufenthaltsqualität der Bibliothek bildet einen Erfolgsfaktor. Sie beeinflusst u. a. die Kunden- und Mitarbeiterzufriedenheit, die Aufenthaltsdauer, die Mediennutzung und die Entleihungen. Die Bibliothek kann durch die gezielte Gestaltung Einfluss nehmen. Kundenansprüche wie eine gute Orientierungsmöglichkeit können durch den Einsatz der Elemente Regalplatzierung und Beschilderung erreicht werden. Durch individuelle Platzierungsgruppen kann eine Bibliothek Kompetenz zeigen und den Bestand, auch durch besondere Präsentation, aktivieren. Die Kunden erhalten Anregungen durch empfohlene Medien.

Das Buch legt Grundlagen der Platzierung und Präsentation für eine kundenorientierte Gestaltung dar. Die strukturierte Platzierung nach den Kategorien der Wissensbereiche, Befristete Platzierungen, die Farbmarkierung und die Darstellung auf Lageplänen werden in ihrer Bedeutung und Ausführung dargestellt.

Die Beispiele der Umsetzungen in Bibliotheken und dem Buchhandel wie der Medienplatzierungsgruppen, der Beschilderung und Dekoration sowie die Platzierungsanalyse der drei Bibliotheken mit den Platzierungsvorschlägen und der Neugestaltung in den zwei Bibliotheken verdeutlichen die Theorie.

Zusätzlich zu einer optimierten Gestaltung des Bibliotheksraums werden in Zukunft Ansätze digitaler Gestaltungen an Bedeutung gewinnen. Dazu gehört die digitale Platzierungsgruppenbildung, die durch die Bibliothek angeboten werden und individuell durch die Kunden erfolgen kann.

Abkürzungsverzeichnis

ASB	Allgemeine Systematik für Öffentliche Bibliotheken
BD	Blu-ray Disc
CD	Compact Disc
Diss.	Dissertation
DVD	Digital Versatile Disc
GB	Gemeindebibliothek
IKMZ	Informations-, Kommunikations- und Medienzentrum
HMB	Haupt- und Musikbibliothek
HS	Hauptstelle
NP	Neuplatzierung
OPAC	Online Public Access Catalogue
o. A.	ohne Angabe
o. V.	ohne Verfasserangabe
SSD	Systematik der Stadtbibliothek Duisburg
UB	Universitätsbibliothek
UP	Ursprüngliche Platzierung
VHS	Volkshochschule
Z	Zentrale
ZB	Zentralbibliothek
ZS	Zweigstelle

Abbildungsverzeichnis

Fotoverzeichnis

Lageplanverzeichnis

Screenshotverzeichnis

Anlagenverzeichnis

Anlagen

Anlage 1:   Die Bereiche der Allgemeinen Systematik für Öffentliche Bibliotheken (ASB)

A	Allgemeines. Wissenschaft, Kultur, Information und Kommunikation (Allgemeines)
B	Biographische Literatur
C	Geographie, Ethnologie
D	Heimatkunde
E	Geschichte, Zeitgeschichte einschließlich Kulturgeschichte und Volkskunde
F	Recht
G	Sozialwissenschaften
H	Wirtschaft
K	Religion
L	Philosophie
M	Psychologie
N	Pädagogik
O	Sprache
P	Literatur
R	Kunst
S	Musik. Tanz. Theater. Film. Hörfunk und Fernsehen
T	Mathematik
U	Naturwissenschaften
V	Medizin
W	Technik, Industrie, Handwerk und Gewerbe
X	Landwirtschaft. Forstwirtschaft. Fischwirtschaft. Hauswirtschaft
Y	Sport, Freizeitgestaltung
Z	Belletristik

Anlage 2:   Medienlisten - Bibliotheken und Fachstelle

(Letzter Zugriff auf die Internetseiten am 02.12.2010.)

Hochschul- und Kreisbibliothek Bonn-Rhein-Sieg

http://www.bib.fh-bonn-rhein-sieg.de/Die_Bibliothek-p-7355/Veranstaltungen/
Medienausstellungen.html

Landesfachstelle für das öffentliche Bibliothekswesen Bayern

http://www.lfs.bsb-muenchen.de/index.php?id=1046

http://www.lfs.bsb-muenchen.de/Medienlisten-weiterer-Institutionen.1376.0.html

Stadtbibliothek Darmstadt

http://www.darmstadt.de/leben-in-darmstadt/bildung/stadtbibliothek/angebote-
und-service/themenlisten/index.htm

Stadtbibliothek Herten

http://www.herten.de/kultur-bildung/stadtbibliothek/online-angebote/literatur-
und-medienverzeichnisse/

Stadtbücherei Heidelberg

http://www.stadtbuecherei-heidelberg.bib-bw.de/seiten/themen/themen.htm

http://www.stadtbuecherei-heidelberg.bib-bw.de/seiten/themen/themenar.htm

Anlage 3:   Platzierungswissen der Probanden für die Bereiche - Stadt-
            bücherei Düsseldorf und Stadtbibliothek Siegburg

Bereich	Stadtbücherei Düsseldorf [%]	Stadtbibliothek Siegburg [%]
ASB Bereich		
Allgemeines	29,79	2,69
Biographische Literatur	0,00	3,59
Geographie	34,47	22,87
Heimatkunde	11,91	12,56
Geschichte	22,98	26,01
Recht	23,40	8,07
Sozialwissenschaften	11,06	3,59
Wirtschaft	11,49	6,28
Religion	14,04	11,66
Philosophie	7,66	2,69
Psychologie	7,66	23,32
Pädagogik	3,40	17,49
Sprache	17,45	24,66
Literatur	14,04	13,90
Kunst	26,81	17,49
Musik, Tanz, Theater und Film	-	19,28
Musik	60,43	-
Tanz, Theater und Film	6,81	-
Mathematik	13,19	4,48
Naturwissenschaften	25,96	26,01
Medizin	31,49	24,66
Technik	22,13	27,35
Land- und Hauswirtschaft	11,91	36,77
Sport und Freizeit	15,32	18,39
Belletristik	56,17	36,77
Unterbereich der ASB		
Anthologien	-	0,00
Comics	3,83	9,42
Fremdsprachige Belletristik	16,60	23,77
Gesammelte Werke	7,66	4,11

Bereich	Stadtbücherei Düsseldorf [%]	Stadtbibliothek Siegburg [%]
Interessenkreis		
Abenteuer	-	6,73
Andere Länder	-	3,14
Familie/Frauen[1]	3,40	8,52
Großdruck	1,28	7,17
Historie	-	12,11
Krimi	10,21	13,90
Fantasy/Science Fiction[2]	2,55	15,25
Thriller/Horror	-	13,45
Medienart		
Hörbücher	23,40	23,29
Musik-CDs	48,51	55,16
DVDs	32,34	-
Videos	36,17	-
DVDs/Videos	-	52,47
Zeitschriften/Zeitungen	-	56,05
Zeitungen	38,30	-

[1] In der Stadtbücherei Düsseldorf der Interessenkreis *Frauen*, in der Stadtbibliothek Siegburg die Interessenkreise *Familie* und *Frauen*.

[2] In der Stadtbücherei Düsseldorf der Interessenkreis *Science Fiction*, in Siegburg die Interessenkreise *Fantasy* und *Science Fiction*.

Literatur- und Quellenverzeichnis

Literatur

Anderson, John R.: Kognitive Psychologie, 6. Auflage, Berlin-Heidelberg 2007.

Babin, Barry J./Hardesty, David M./Suter, Tracy A.: Color and shopping intentions: The intervening effect of price fairness and perceived affect, in: Journal of Business Research, Vol. 56 (2003), S. 541-551.

Barth, Klaus/Hartmann, Michaela/Schröder, Hendrik: Betriebswirtschaftslehre des Handels, 6. Auflage, Wiesbaden 2007.

Barth, Robert/Kuppelwieser, Iris (Hrsg.): Bibliotheksbau in der Schweiz 1985 - 2010. Planung - Nutzung - Ästhetik, Chur 2010.

Bell, Paul A./Greene, Thomas C./Fisher, Jeffrey D. et. al.: Environmental Psychology, 5th Edition, Belmont (CA) 2001.

Bellizzi, Joseph A./Crowley, Ayn E./Hasty, Ronald W.: The Effects of Color in Store Design, in: Journal of Retailing, Vol. 59 (1983), No. 1, S. 21-45.

Berekoven, Ludwig: Erfolgreiches Einzelhandelsmarketing, Grundlagen und Entscheidungshilfen, 2. Auflage, München 1995.

Bertelsmann Stiftung (Hrsg.): Bibliotheksfilialen im Überblick. Ein Leitfaden für Angebot und Organisation, Gütersloh 2004.

Böcker, Franz: Die Analyse des Kaufverbunds – Ein Ansatz zur bedarfsorientierten Warentypologie, in: Zeitschrift für Betriebswirtschaftliche Forschung, 27. Jg. (1975), Heft 5, S. 290-306.

Boden, Hans: Kommunikation in der Freihandausleihe. Eine theoretisch-empirische Studie zur Ausleihmethodik, Berlin 1976.

Bonse, Christiane/Fischer, Natalie: So wird die Sucheffizienz gesteigert. Stadtbibliothek Siegburg stellt nach Kundenbefragung den Bestand fast komplett um, in: BuB - Forum Bibliothek und Information 60 (2008), 5, S. 370-372.

Bonse, Christiane: Gründung der Stadtbibliothek Siegburg GmbH, in: ProLibris 3/2001, S. 143-146.

Boot, J.: Physical conditions and their influence on library layout and design, in: Fuhlrott, Rolf/Dewe, Michael (Editor): Library Interior Layout and Design. Proceedings of the Seminar held in Frederiksdal, Denmark, June 16 - 20, 1980, München u.a. 1982, S. 83-93.

Busse, Gisela von/Ernestus, Horst/Plassmann, Engelbert et. al.: Das Bibliothekswesen der Bundesrepublik Deutschland. Ein Handbuch, Von Engelbert Plassmann und Jürgen Seefeldt, 3. Auflage des durch Gisela von Busse und Horst Ernestus begründeten Werkes, Wiesbaden 1999.

Bußmann, Ingrid: Einrichtung und Möblierung, in: Deutsches Bibliotheksinstitut (Hrsg.): Bibliotheksbau: Kompendium zum Planungs- und Bauprozeß, Berlin 1994, S. 145-185.

Depaoli, Max A.: Die Sprache der Ware: zukunftsorientierte Produktpräsentation, angewandtes Merchandising, Wien 1992.

Deutsches Bibliotheksinstitut (Hrsg.): Allgemeine Systematik für Öffentliche Bibliotheken (ASB). Ausgabe 1999. Gliederung und Alphabetisches Schlagwortregister, Ergänzte und korrigierte Fassung 2002, Bad Honnef 2003.

Deutsches Bibliotheksinstitut (Hrsg.): Die Präsentation der Öffentlichen Bibliothek 3. Architektur und Ausstattung, Berlin 1982.

Dodt, Ulrich: Produktpräsentation – Mittel der Verkaufsförderung im Marketing, Köln 1980, zugl. Diss. Universität Köln 1980.

Downs, Roger M./Stea, David: Cognitive Maps and Spatial Behaviour: Process and Products, in: Downs, Roger M./Stea, David (Editor): Image and Environment. Cognitive Mapping and Spatial Behaviour, 3. Printing, Chicago 1977.

Downs, Roger M./Stea, David: Kognitive Karten. Die Welt in unseren Köpfen, New York 1982.

Downs, Roger M.: Mazes, Minds, and Maps, in: Pollet, Dorothy/Haskell, Peter C. (Editor): Sign Systems for Libraries. Solving the Wayfinding Problem, New York-London 1979, S. 17-32.

Dustmann, Heinz-Herbert: Die Ladengestaltung als absatzpolitischer Erfolgsfaktor im Einzelhandel, in: Thexis, Heft 1, 1988, S. 7-14.

ekz (Hrsg.): Benutzerorientierung, Marketing, Bestandsaufbau, Reutlingen 1993.

Endres, Albert/Fellner, Dieter W.: Digitale Bibliotheken. Informatik-Lösungen für globale Wissensmärkte, Heidelberg 2000.

Engel, Reinhard: Ihre Lücke: Spezialwissen über verkaufswirksame Warenplatzierung, Köln 1975.

Evans, Gary W./Fellows, John/Zorn, Marion et. al.: Cognitive Mapping and Architecture, in: Journal of Applied Psychologie, Vol. 65 (1980), No. 4, S. 474-478.

Evans, Gary W./Marrero, David G./Butler, Patricia A.: Environmental learning and cognitive mapping, in: Environment and Behaviour 13 (1981), No. 1, S. 83-104.

Evans, Gary, W./Mitchell McCoy, Janetta: When Buildings don't work: The Role of Architecture in Human Health, in: Journal of Environmental Psychology 18 (1998), S. 85-94.

Eysenck, Michael W./Keane, Mark T.: Cognitive Psychology. A Student's Handbook, 4th Edition (Reprint), Hove (East Sussex) 2003.

Eysenck, Michael W./Keane, Mark T.: Cognitive Psychology. A Student's Handbook, 6th Edition, Hove (East Sussex) 2010.

Fischer, Natalie/Hergarten, Sabine: Größere Attraktivität durch Neuplatzierung und -präsentation der Bestände in der Stadtbibliothek Schleiden, in: ProLibris 3/2009, S. 112-113.

Fischer, Natalie/Raabe-Grey, Birgit: Neuplatzierung und -präsentation in der Stadtbücherei Wesseling, in: ABI-Technik 29 (2009), Nr. 1, S. 38-40.

Fischer, Natalie: Kundenorientierte Platzierung der Medien in Öffentlichen Bibliotheken, Berlin 2007, zugl. Diss. Humboldt-Universität zu Berlin 2006.

Frauenschuh, Beate: Geheimsache Buch. Die Stadtbücherei Heidelberg demonstriert Beratungskompetenz, in: BuB - Forum Bibliothek und Information 62 (2010), 9, S. 586.

Fretz, Jürg: Die Warengliederung als Führungsinstrument der Einzelhandelsunternehmung mit besonderer Berücksichtigung des Warenhauses, Winterthur 1971, zugl. Diss. Hochschule St. Gallen 1971.

Frieling, Heinrich: Das Gesetz der Farbe, 3. Auflage, Göttingen u.a. 1990.

Frieling, Heinrich: Farbe hilft verkaufen. Farbenlehre und Farbenpsychologie für Handel und Werbung, 4. Auflage, Göttingen-Zürich 2005.

Fuhlrott, Rolf/Dewe, Michael (Editor): Library Interior Layout and Design. Proceedings of the Seminar held in Frederiksdal, Denmark, June 16-20, 1980, München u.a. 1982.

Fuhrer, Urs: Handeln-Lernen im Alltag, Bern-Stuttgart-Toronto 1990.

Gantert, Klaus/Hacker, Rupert: Bibliothekarisches Grundwissen, 8. Auflage, München 2008.

Gärling, Tommy/Böök, Anders/Lindberg, Eric: Adults' Memory Representations of the Spatial Properties of their Everyday Physical Environment, in: Cohen, Robert (Editor): The Development of Spatial Cognition, Hillsdale (New Jersey) 1985, S. 141-184.

Gärling, Tommy/Böök, Anders/Lindberg, Erik: Cognitive Mapping of Large-Scale Environments. The Interrelationship of Action Plans, Acquisition, and Orientation, in: Environment and Behaviour 16 (1984), Nr. 1, S. 3-34.

Gaus, Wilhelm: Dokumentations- und Ordnungslehre. Theorie und Praxis des Information Retrieval, 5. Auflage, Berlin-Heidelberg-New York 2005.

Grunert, Klaus G.: Kognitive Strukturen von Konsumenten und ihre Veränderung durch Marketingkommunikation. Theorie und Meßverfahren, in: Marketing ZFP, 13. Jg. (1991), Nr. 1, S. 11-22.

Heidel, Bernd/Müller-Hagedorn, Lothar: Platzierungspolitik nach dem Verbundkonzept im stationären Einzelhandel, Eine Wirkungsanalyse, in: Marketing ZFP, 11. Jg. (1989), Heft 1, S. 19-26.

Heimendahl, Eckart: Licht und Farbe. Ordnung und Funktion der Farbwelt, Berlin 1961.

Henning, Wolfram: Orte der Veränderung – Bibliotheksbauten fürs 21. Jahrhundert, in: Pisarik, Magdalena (Hrsg.): Bibliotheks-(t)räume. Bibliotheken planen, einrichten, erneuern, Wien 1997, S. 34-58.

Institute of Signage Research: Appendix: Technical and Psychological Considerations for Sign Systems, in: Pollet, Dorothy/Haskell, Peter C. (Editor): Sign Systems for Libraries. Solving the Wayfinding Problem, New York-London 1979, S. 229-241.

Institute of Signage Research: Effective Library Signage: A Pictorial Study, in: Pollet, Dorothy/Haskell, Peter C. (Editor): Sign Systems for Libraries. Solving the Wayfinding Problem, New York-London 1979, S. 203-227.

Ittelson, William H./Proshansky, Harold M./Rivlin, Leanne G. et. al.: Einführung in die Umweltpsychologie, Stuttgart 1977.

Jianzhong, Wu (Editor): New Library Buildings of the World, 2nd Edition, Shanghai 2003.

Jopp, Robert K.: Buchaufbewahrung und Buchtransport, in: Deutsches Bibliotheksinstitut (Hrsg.): Bibliotheksbau: Bedarfsermittlung für Wissenschaftliche und Öffentliche Bibliotheken, Berlin 1991, S. 27-43.

Kinateder, Petra: Optimierung von Regalbelegungsplänen in Supermärkten, Eine empirische Untersuchung zu Klassifizierungsleistungen bei Erwachsenen, in: Marketing ZFP, 11. Jg. (1989), Heft 2, S. 86-92.

Kitchin, Robert, M.: Cognitive Maps: What are they and why study them?, in: Journal of Environmental Psychology 14 (1994), No. 1, S. 1-19.

Knoblich, Hans: Betriebswirtschaftliche Warentypologie. Grundlagen und Anwendungen, Köln-Opladen 1969.

Kohlmeyer, Ingrid: „Leihen Sie aus, so viel Sie tragen können!" Eine Sanierung der besonderen Art in der Stadtbücherei Heidelberg, in: BuB - Forum Bibliothek und Information 62 (2010), 1, S. 8-9.

Koppelmann, Udo: Produktmarketing. Entscheidungsgrundlagen für Produktmanager, 6. Auflage, Berlin u. a. 2001.

Kotler, Philip: Atmospherics as a Marketing Tool, in: Journal of Retailing, 49 (1973/74), No. 4, S. 48-64.

Kreft, Wilhelm: Ladenplanung. Merchandising-Architektur. Strategie für Verkaufsräume, Leinfelden-Echterdingen 1993.

Kreft, Wilhelm: Ladenplanung. Merchandising-Architektur. Strategien für Verkaufsräume: Gestaltungs-Grundlagen, Erlebnis-Inszenierungen, Kundenleitweg-Planungen, 2. Auflage, Leinfelden-Echterdingen 2002.

Kress-Adams, Hannelore/Adams, Günter M.: Aspekte der Bibliotheksbeleuchtung, in: Deutsches Bibliotheksinstitut (Hrsg.): Bibliotheksbau: Kompendium zum Planungs- und Bauprozeß, Berlin 1994, S. 297-323.

Küthe, Erich/Küthe, Fabian: Marketing mit Farben. Gelb wie der Frosch, Wiesbaden 2002.

Langridge, Derek W.: Inhaltsanalyse: Grundlagen und Methoden, München u. a. 1994.

Leven, Wilfried: Warenpräsentation im Einzelhandel, Dargestellt am Beispiel der Zeitungs- und Zeitschriftenpräsentation, in: Marketing ZFP, 14. Jg. (1992), Heft 1, S. 13-22.

Levine, Marvin/Marchon, Iris/Henley, Gerard: The Placement and Misplacement of You-Are-Here-Maps, in: Environment and Behaviour 16 (1984), Nr. 2, S. 139-157.

Levine, Marvin: You-are-here Maps. Psychological Considerations, in: Environment and Behaviour 14 (1982), No. 2, S. 221-237.

Lynch, Kevin: Das Bild der Stadt, 2. Auflage, Gütersloh-Berlin 2001.

Merkle, Erich: Die Erfassung und Nutzung von Informationen über den Sortimentsverbund, Berlin 1981.

Milgram, Stanley/Jodelet, Denise (with the collaboration of): Psychological Maps of Paris, in: Proshansky, Harold M./Ittelson, William H./Rivlin, Leanne G. (Editor): Environmental Psychology. People and Their Physical Settings, 2nd Edition, New York u.a. 1976, S. 104-124.

Mittler, Elmar (Editor): The Renaissance of the Library – adaptable library buildings. Documentation of new library buildings in Europe, Göttingen 2004.

Moore, Gary T./Golledge, Reginald G.: Preface, in: Moore, Gary T./ Golledge, Reginald G. (Editor): Environmental knowing. Theories, research, and methods, Stroudsburg 1976, S. xi-xvi.

Moore, Gary T.: Knowing about environmental knowing. The current state of theory and research on environmental cognition, in: Environment and Behaviour 11 (1979), No. 1, S. 33-70.

Müller, Heinz: Die Warenplazierung als absatzpolitisches Instrument im Selbstbedienungseinzelhandel, Göttingen 1982, zugl. Diss. Universität Köln 1981.

Müller-Hagedorn, Lothar: Der Handel, Stuttgart-Berlin-Köln 1998.

Naumann, Ulrich: Leit- und Orientierungssysteme, in: Deutsches Bibliotheksinstitut (Hrsg.): Bibliotheksbau: Kompendium zum Planungs- und Bauprozeß, Berlin 1994, S. 221-230.

Naumann, Ulrich: Über die Zukunft der namenlos gemachten Bibliothek, in: Busch, Rolf (Hrsg.): Wie viele Bibliotheken brauchen wir? Bad Honnef 2004, S. 99-114.

Naumann, Ulrich: Über Leit- und Orientierungssysteme in Bibliotheken, in: Deutsches Bibliotheksinstitut (Hrsg.): Leit- und Orientierungssysteme in Bibliotheken. Beispiele aus der Praxis, Berlin 1985, S. 7-19.

Neisser, Ulric: Kognition und Wirklichkeit. Prinzipien und Implikationen der kognitiven Psychologie, 2. Auflage, Stuttgart 1996.

Pohl, Sigrid/Umlauf, Konrad: Warenkunde Buch. Strukturen, Inhalte und Tendenzen des deutschsprachigen Buchmarkts der Gegenwart, 2. Auflage, Wiesbaden 2007.

Pollet, Dorothy/Haskell, Peter C.: Introduction, in: Pollet, Dorothy/Haskell, Peter C. (Editor): Sign Systems for Libraries. Solving the Wayfinding Problem, New York-London 1979, S. ix-xii.

Rakowski, Franz (Hrsg.): Die Präsentation der Öffentlichen Bibliothek. Materialien der Projektgruppe „Moderne Präsentationsformen der Dienstleistungen Öffentlicher Bibliotheken", Berlin 1977.

Rürup, Hans-Joachim: Moderner Ladenbau. Erfolgreicher Einzelhandel, München 1966.

Šamurin, Evgenij I.: Geschichte der bibliothekarisch-bibliographischen Klassifikation, Band 1 und 2, München 1977.

Scheidl, Konrad: Warendarbietung und Kunde im Lebensmittelsupermarkt, Wien 1971, zugl. Diss. Hochschule für Welthandel in Wien 1970.

Scheurer, Bettina: Die neue Zentralbibliothek in Düsseldorf, in: Buch und Bibliothek 38 (1986), Nr. 7/8, S. 644-648.

Schulz, Wolfgang: Die Nutzung der Verkaufsfläche im Lebensmittel-Einzelhandel. (Analyse, Methodik, Anwendungsschwerpunkte), Diss. Universität Freiburg (Schweiz) 1975.

Seefeldt, Jürgen/Metz, Claudia: Unterhaltungsliteratur in Öffentlichen Bibliotheken. Eine Gesamtübersicht über die Gattungen der Schönen Literatur und ihr Einsatz in Öffentlichen Bibliotheken, 3. Auflage, Bad Honnef 2002.

Selfridge, Katherine: Planning Library Signage Systems, in: Pollet, Dorothy/ Haskell, Peter C. (Editor): Sign Systems for Libraries. Solving the Wayfinding Problem, New York-London 1979.

Stark, Christian K.: Architektur und Design als Grundlage für die Produktgestaltung, Köln 1996, zugl. Diss. Universität zu Köln 1995.

Steinhart, Werner: Der innerbetriebliche Standort im Einzelhandel unter besonderer Berücksichtigung des Großbetriebes, Würzburg 1933, zugl. Diss. Universität zu Köln 1933.

Stierle, Martin: Visuelle Wegweiser-Funktion integriert in den Online-Bibliothekskatalog – ein kreativer und kostengünstiger Ansatz der Stadtbibliothek Ludwigsburg, in: ABI-Technik 24 (2004), Heft 3, S. 231.

Theis, Hans-Joachim: Handels-Marketing: Analyse- und Planungskonzepte für den Einzelhandel, Frankfurt am Main 1999.

Tietz, Bruno: Der Handelsbetrieb. Grundlagen der Unternehmenspolitik, 2. Auflage, München 1993.

Turley, L. W./Chebat, Jean-Charles: Linking Retail Strategy, Atmospheric Behaviour, in: Journal of Marketing Management, 18 (2002), S. 125-144.

Turley, L. W./Milliman, Ronald E.: Atmospheric Effects on Shopping Behaviour: A Review of the Experimental Evidence, in: Journal of Business Research, 49 (2000), Nr. 2, S. 193-211.

Umlauf, Konrad: Angebotspräsentation und Aufstellungssystematik in der Öffentlichen Bibliothek. Impulse durch Buchhandel und Reader-interest-classification, in: Vodosek, Peter (Hrsg.): Das Buch in Praxis und Wissenschaft. 40 Jahre Deutsches Bucharchiv München. Eine Festschrift, Wiesbaden 1989, S. 512-540.

Umlauf, Konrad: Bestandsaufbau an öffentlichen Bibliotheken, Frankfurt am Main 1997.

Umlauf, Konrad: Einführung in die Bibliothekarische Klassifikationstheorie und -praxis. Mit Übungen, Berlin 1999.

Umlauf, Konrad: Hoher Umsatz trotz geringer Werbung. Bücher zum Hören: Die Praxis großer und kleiner Bibliotheken, in: BuB - Forum Bibliothek und Information 62 (2010), 1, S. 70-75.

Umlauf, Konrad: Hörbücher in Öffentlichen Bibliotheken: Praxis, Trends, Optionen, Berlin 2009.

Umlauf, Konrad: Moderne Buchkunde. Bücher in Bibliotheken und im Buchhandel heute, 2. Auflage, Wiesbaden 2005.

Umlauf, Konrad: Systematik im Umbruch. Systematische Aufstellung, Präsentation und reader interest classification in öffentlichen Bibliotheken, Berlin 1996.

Umstätter, Walther/Wagner-Döbler, Roland: Einführung in die Katalogkunde. Vom Zettelkatalog zur Suchmaschine, 3. Auflage des Werkes von Karl Löffler, Stuttgart 2005.

Volbehr, Lilli: Die Freihandbücherei. Wesen und Technik, Hamburg 1953.

Wechsler, Sheldon: Perceiving the Visual Message, in: Pollet, Dorothy/Haskell, Peter C. (Editor): Sign Systems for Libraries. Solving the Wayfinding Problem, New York-London 1979, S. 33-46.

Zannaras, Georgia: The Relation between cognitive structure and urban form, in: Moore, Gary T./Golledge, Reginald G. (Editor): Environmental knowing. Theories, research, and methods, Stroudsburg 1976, S. 336-350.

Quellen

DIN Deutsches Institut für Normung (Hrsg.): DIN 5033, Teil 1: Farbmessung. Grundbegriffe der Farbmetrik, Ausgabe März 1979.

DIN Deutsches Institut für Normung e. V. (Hrsg.): DIN 18040-1, Barrierefreies Bauen - Planungsgrundlagen - Teil 1: Öffentlich zugängliche Gebäude, Oktober 2010.

DIN Deutsches Institut für Normung e. V. (Hrsg.): DIN-Fachbericht 13. Bau- und Nutzungsplanung von Bibliotheken und Archiven, November 2009.

ekz (Einkaufszentrale für Bibliotheken GmbH): Lagepläne der Stadtbibliothek Siegburg.

Stadtbibliothek Siegburg: Bibliothekstatistik der Stadtbibliothek Siegburg.

Stadtbücherei Düsseldorf: Bibliotheksstatistik der Stadtbücherei Düsseldorf, ZB.

Stadtbücherei Düsseldorf: Lagepläne der Stadtbücherei Düsseldorf, ZB.

Stadtbücherei Wesseling: Bibliotheksstatistik der Stadtbücherei Wesseling.

Stadtbücherei Wesseling: Raumplan der Stadtbücherei Wesseling.

(Letzter Zugriff auf die Internetseiten, soweit nicht anders angegeben, am 02.12.2010.)

Christ, Tobias: Investition in das Stiefkind, Kölner Stadt-Anzeiger 20.11.2008, http://www.ksta.de/html/artikel/1226655107536.shtml.

Kleine-Voßbeck, Herbert/Weber, Brunhilde: Jahresbericht 2008 des Stadtbetriebes Bibliothek Euskirchen, Euskirchen 2009, ebenso http://www.euskirchen.de/fileadmin/anlagen/stadtbibliothek/Jahresbericht_2008.pdf.

o. V.: Menschen wollen Wissen!, in: BuB - Forum Bibliothek und Information 62 (2010), 2, S. 111-112.

Schmitz, Johannes: Kurzer Weg zum Buch, Kölner Stadt-Anzeiger/Rhein-Sieg-Anzeiger 23.01.2007, http://www.ksta.de/html/artikel/1162473307926.shtml, ebenso http://www.rhein-sieg-anzeiger.ksta.de/html/artikel/1162473307926.shtml.

Stadt Wesseling: Leitsystem führt durch den Sachbuchbereich. Stadtbücherei verbessert ihr Angebot, 27.01.2009, http://www.wesseling.de/verwaltung/presseservice/pressearchiv/pressenews2009/106150100000027189.php.

Städtische Bibliotheken Dresden: Verlagspräsentationen in der Kulturhauptstadt Sachsens.

Staudt, Dörte: Der Kunde ist König in der Stadtbibliothek, Kölnische Rundschau 23.01.2007, http://www.rundschau-online.de/html/artikel/1162484297502.shtml.

Umstätter, Walther: Die Rolle des Bibliotheksbaus für die moderne Bildungs- und Wissensproduktion in der optimal verteilten Bibliothek, in: Libreas. Library Ideas 1/05, http://libreas.eu/ausgabe1/002bau.htm.

http://195.189.92.46/bibliotheken/hauptstelle/erwachsenenbibliothek/aktuelle-medienaustellungen/albert-camus (Letzter Zugriff am 17.07.2010.)

http://195.189.92.46/bibliotheken/hauptstelle/erwachsenenbibliothek/aktuelle-medienaustellungen/das-weltall (Letzter Zugriff am 17.07.2010.)

http://195.189.92.46/bibliotheken/hauptstelle/erwachsenenbibliothek/uebersichtsplan-1

http://195.189.92.46/bibliotheken/hauptstelle/kinderbibliothek/uebersichtsplan

http://195.189.92.46/bibliotheken/hauptstelle/musikbibliothek/uebersichtsplan-1

http://195.189.92.46/bibliotheken/hauptstelle/studienkabinett/uebersichtsplan-1

http://badabbach.webopac.winbiap.net/badabbach/acquisitions.aspx

http://badabbach.webopac.winbiap.net/badabbach/toplist.aspx

http://bibliothek.dortmund.de/template0-33.html

http://bibliothek.luckenwalde.de/index.php?option=com_content&task=view&id=22&Itemid=39

http://gemeindebibliothek.grafenrheinfeld.de/Das-Beste-zum-Schluss_Das_Beste_zum_Schluss_24_kkmenue.html

http://gemeindebibliothek.grafenrheinfeld.de/Frisch-eingetroffen_Frisch_eingetroffen_13_kkmenue.html

http://gemeindebibliothek.grafenrheinfeld.de/Schon-gehoert_Schon_gehoert_20_kkmenue.html

http://grafenrheinfeld-findus.opac.datronic.de/cgi-bin/findus.fcgi.pl?customer=grafenrheinfeld&neuanschaffungen=1&submit=1

http://grafenrheinfeld-findus.opac.datronic.de/cgi-bin/findus.fcgi.pl?customer=grafenrheinfeld&top20schoene=1&submit=1

http://issuu.com/lselibrary/docs/library_floor_plan_2010?mode=embed&layout=http%3A%2F%2Fskin.issuu.com%2Fv%2Flight%2Flayout.xml&showFlipBtn=true

http://litblog.literaturwelt.de/archive/2008/09/20/monatsprogramm_der_stadt biblio

http://mcat.icpl.org/

http://mcat.icpl.org/screens/libinfo_01.html

http://mobil.uni-koeln.de/

http://neo.stadtbibliothek-bremen.de/Aktuelles-aus-der-Bibliothek.html?news=183

http://newsroom.icpl.org/2009/11/icpl-catalog-goes-mobile/

http://stadtbibliothek.goettingen.de/eg.htm

http://stadtbibliothek.goettingen.de/og1.htm

http://stadtbibliothek.goettingen.de/og2.htm

http://stadtbibliothek.goettingen.de/og3.htm

http://stadtbibliothek.goettingen.de/zbplan.htm

http://stadtbibliothek.goettingen.de/zentralb.htm

http://stadtbibliothek.ratingen.de/1foto_grundriss_1og.html

http://stadtbibliothek.ratingen.de/1foto_grundriss_2og.html

http://stadtbibliothek.ratingen.de/1foto_grundriss_eg.html

http://stadtbibliothek.ratingen.de/1foto_grundriss_gg.html

http://stadtbibliothek.ratingen.de/1medienzentrum.html

http://stadtbibliothek.ratingen.de/1wo_steht_was.html

http://stadtbuecherei.de/index.php?option=com_content&view=article&id=92&Itemid=88

http://stadtbuecherei.de/index.php?option=com_content&view=article&id=146&Itemid=105

http://www.aachen.de/DE/stadt_buerger/bildung/oeffentliche_bibliothek/dokumente_oebi/orientierungsplan_website_pdf.pdf

http://www.ahlen.de/bildung-kultur/stadtbuecherei/virtueller-rundgang/

http://www.artern.de/service/stadtbibliothek/klass.htm

http://www.bad-homburg.de/sc/Kultur_Bildung/StadtBibliothek/Welten_Erdgeschoss/4027341.asp

http://www.bad-homburg.de/sc/Kultur_Bildung/StadtBibliothek/Welten_1__Obergeschoss/4027342.asp

http://www.bad-homburg.de/sc/Kultur_Bildung/StadtBibliothek/Welten_2__Obergeschoss/4011084.asp

http://www.berlin.de/citybibliothek/aktuelles/pressemitteilungen/archiv/20100316.1135.158950.html

http://www.berlin.de/citybibliothek/aktuelles/pressemitteilungen/archiv/20100409.1655.161509.html

http://www.berlin.de/citybibliothek/hoergut/praesentation/index.html

http://www.berlin.de/citybibliothek/hoergut/praesentation/partner/index.html

http://www.bib.fh-bonn-rhein-sieg.de/Die_Bibliothek-p-7355/Aktuelles/Medienausstellung_Symposium_Rheinbach.html

http://www.bib.fh-rhein-sieg.de/Die_Bibliothek-p-7355/Veranstaltungen/Medienausstellungen.html

http://www.biberach-riss.de/index.phtml?object=tx|1515.52.1&ModID=7&FID=1516.235.1&sNavID=1516.146&mNavID=1515.28&NavID=1516.146.1&La=1

http://www.biberach-riss.de/media/custom/1516_263_1.PDF

http://www.bibliobiel.ch/de/sehen_hoeren_lesen/auszeichnungen/

http://www.bibliobiel.ch/de/sehen_hoeren_lesen/themenliste/

http://www.bibliothek-vilsbiburg.de/aufstellungsplan.php

http://www.bibliothek-waldmuehle.de/

http://www.bibo-dresden.de/1/index_1.html?1_00_00.html

http://www.bibo-dresden.de/2/index_2.html

http://www.bibo-dresden.de/5/index_5.html

http://www.bottrop.de/stadtleben/bildung/bibliothek/filialen/Zentralbibliothek.php

http://www.braunschweig.de/kultur_tourismus/bibliotheken_archive/stadtbibliothek/lesesaalsystematik.html

http://www.braunschweig.de/kultur_tourismus/bibliotheken_archive/stadtbibliothek/angebot_musik.html

http://www.braunschweig.de/kultur_tourismus/bibliotheken_archive/stadtbibliothek/medien/medien/PDF_Musiksystematik_Tontraeger.pdf

http://www.braunschweig.de/kultur_tourismus/bibliotheken_archive/stadtbibliothek/medien/medien/PDF_Musiksystematik_Noten.pdf

http://www.braunschweig.de/kultur_tourismus/bibliotheken_archive/stadtbibliothek/neuerwerbungen.html

http://www.braunschweig.de/kultur_tourismus/bibliotheken_archive/stadtbibliothek/angebot.html

http://www.braunschweig.de/kultur_tourismus/bibliotheken_archive/stadtbibliothek/belletristik.html

http://www.braunschweig.de/kultur_tourismus/bibliotheken_archive/stadtbibliothek/OHA.html

http://www.buecherei-sg.de/

http://www.buecherhallen.de/aw/home/standortliste/~fj/hoebu_standort/

http://www.buecherhallen.de/aw/home/standortliste/zentralbibliothek/~fld/ausbau_zentralbibliothek_sept_/

http://www.buecherhallen.de/global/show_document.asp?id=aaaaaaaaaabbwkq

http://www.cuxhaven.de/magazin/magazin.php?menuid=336&topmenu=105

http://www.cuxhaven.de/staticsite/staticsite.php?menuid=192&topmenu=105&keepmenu=inactive

http://www.cuxhaven.de/staticsite/staticsite.php?menuid=194&topmenu=105&keepmenu=inactive

http://www.cuxhaven.de/staticsite/staticsite.php?menuid=195&topmenu=105&keepmenu=inactive

http://www.cuxhaven.de/staticsite/staticsite.php?menuid=199&topmenu=1
05&keepmenu=inactive

http://www.cuxhaven.de/staticsite/staticsite.php?menuid=200&topmenu=1
05&keepmenu=inactive

http://www.cuxhaven.de/staticsite/staticsite.php?menuid=206&topmenu=1
05&keepmenu=inactive

http://www.darmstadt.de/fileadmin/Bilder-Rubriken/Leben_in_Darmstadt/
bildung/stadtbibliothek/pdf-dateien/JLH_Orientierungsplan.pdf

http://www.darmstadt.de/leben-in-darmstadt/bildung/stadtbibliothek/index.
htm (Letzter Zugriff am 05.08.2010.)

http://www.darmstadt.de/leben-in-darmstadt/bildung/stadtbibliothek/aktuell/
medienpraesentationen/index.htm (Letzter Zugriff am 05.08.2010.)

http://www.darmstadt.de/leben-in-darmstadt/bildung/stadtbibliothek/stand
orte/stadtbibliothek-im-justus-liebig-haus/index.htm#c2973

http://www.darmstadt.de/leben-in-darmstadt/bildung/stadtbibliothek/angebo
te-und-service/extra-service/index.htm

http://www.darmstadt.de/leben-in-darmstadt/bildung/stadtbibliothek/angebo
te-und-service/themenlisten/index.htm

http://www.darmstadt.de/leben-in-darmstadt/bildung/stadtbibliothek/index.
htm (Letzter Zugriff am 28.07.2010.)

http://www.erfurt.de/ef/de/leben/bildung/bibliotheken/stur_benutzung/2394
9.shtml

http://www.finduthek.de/index.php?finduthek

http://www.giessen.de/index.phtml?NavID=684.261&La=1

http://www.giessen.de/media/custom/684_1448_1.PDF?loadDocument&Obj
SvrID=684&ObjID=1448&ObjLa=1&Ext=PDF&_ts=1240998401

http://www.giessen.de/media/custom/684_1449_1.PDF?loadDocument&Obj
SvrID=684&ObjID=1449&ObjLa=1&Ext=PDF&_ts=1240998440

http://www.giessen.de/media/custom/684_4751_1.PDF?loadDocument&Obj
SvrID=684&ObjID=4751&ObjLa=1&Ext=PDF&_ts=1240997347

http://www.hannover.de/stabi/Stadtteilbibliotheken/Oststadtbibliothek/ZA/

http://www.herten.de/fileadmin/Stadt/Kultur_und_Bildung/Stadtbibliothek/R
uhrgebiet_2010.pdf

http://www.herten.de/kultur-bildung/stadtbibliothek/aktuelles/literaturaus
   stellung-glueck-auf/index.html (Letzter Zugriff am 18.06.2010.)

http://www.herten.de/kultur-bildung/stadtbibliothek/aktuelles/verlagsausstel
   lung-henselowsky-boschmann/index.html (Letzter Zugriff am 18.06.2010.)

http://www.herten.de/kultur-bildung/stadtbibliothek/angebote-fuer-erwach
   sene/aelter-werden/index.html

http://www.herten.de/kultur-bildung/stadtbibliothek/angebote-fuer-erwach
   sene/jobcenter/index.html

http://www.herten.de/kultur-bildung/stadtbibliothek/online-angebote/litera
   tur-und-medienverzeichnisse/

http://www.herten.de/leben-in-herten/neuigkeiten/details/Von_Frauen_fuer_
   Frauen_ueber_Frauen/index.html (Letzter Zugriff am 16.07.2010.)

http://www.icpl.org/

http://www.icpl.org/catalog/aircatmap.html

http://www.icpl.org/hours-location/

http://www.job-karriere-bibliothek.de/

http://www.land-der-ideen.de/CDA/projektvorstellung,17,0,,de.html

http://www.langenhagen.de/index.phtml?La=1&sNavID=1620.66&mNavI
   D=1620.12&object=tx|1620.182.1&sub=0

http://www.langenhagen.de/index.phtml?mNavID=1620.12&sNavID=162
   0.66&La=1

http://www.lessing-verlag.de/ausstellung_herten.htm

http://www.leuphana.de/bibliothek/ueber-uns/zentralbibliothek/systematik.html

http://www.lfs.bsb-muenchen.de/Alphabetische-Liste.1282.0.html

http://www.lfs.bsb-muenchen.de/Bad-Abbach-Marktbuecherei.1318.0.html

http://www.lfs.bsb-muenchen.de/Bibl-Nachrichten.794+M51fc27a7e20.0.html

http://www.lfs.bsb-muenchen.de/Kalender.1283.0.html

http://www.lfs.bsb-muenchen.de/UEber-die-Gedenktage.1281.0.html

http://www.lib.cam.ac.uk/

http://www.mediathek-neckarsulm.de/medien_finden.asp

http://www.medienetage-dresden.de/index.html

http://www.muenchner-stadtbibliothek.de/stadtbibliothek/stadtbib-bestseller.html

http://www.muenchner-stadtbibliothek.de/stadtbibliothek/stadtbib-angebot-2.html?naid=1032

http://www.muenchner-stadtbibliothek.de/stadtbibliothek/stadtbib-musikbibliothek.html

http://www.muenchner-stadtbibliothek.de/stadtbibliothek/stadtbib-philatelistische-bibliothek.html

http://www.muenchner-stadtbibliothek.de/stadtbibliothek/stadtbib-lesesaal.html

http://www.portal.uni-koeln.de/index.php?id=2078

http://www.randomhouse.de/webarticle/webarticle.jsp?aid=20512

http://www.roethenbach.de/stadtbibliothek/index.php?pageid=41&artikelidtemp=124 (Letzter Zugriff am 23.06.2010 und am 16.07.2010.)

http://www.schweinfurt.de/kultur-tourismus/stadtbuecherei/91.Herzlich_willkommen_in_der_Stadtbuecherei.html

http://www.stabi-ludwigsburg.de/

http://www.stadtbibliothek.pforzheim.de/oeffnungszeiten/virtueller-rundgang.html

http://www.stadtbibliothek.wolfsburg.de/wordpress/?cat=84

http://www.stadtbibliothek-bremen.de/index.php?navi=content&lang=1&npoint=1,262,0,0 (Letzter Zugriff am 03.09.2009.)

http://www.stadtbibliothek-bremen.de/Standorte-in-Bremen-Zentralbibliothek-21-Internationale-Romane.html

http://www.stadtbibliothek-bremen.de/Standorte-in-Bremen-Zentralbibliothek-21-Krimibibliothek.html

http://www.stadtbibliothek-chemnitz.de/die-stadtbibliothek/zentralbibliothek/lageplaene.html

http://www.stadtbibliothek-essen.de/Bibliotheken/Franzoesische_Bibliothek.htm

http://www.stadtbibliothek-essen.de/Bibliotheken/Heimatkunde.htm

http://www.stadtbibliothek-essen.de/Bibliotheken/Musikbibliothek.htm

http://www.stadtbibliothek-ge.de/Homepage/Bibliotheken/Zentralbibliothek/
   SchuelerCenter.asp?highmain=3&highsub=1&highsubsub=1

http://www.stadtbibliothek-melle.de/die_stadtbibliothek/vorstellung.html

http://www.stadtbuecherei.pulheim.de/stb-files/images/lageplan_eg.gif

http://www.stadtbuecherei.pulheim.de/stb-files/images/lageplan_og.gif

http://www.stadtbuecherei.pulheim.de/stb-files/images/lageplan_ug.gif

http://www.stadtbuecherei.pulheim.de/stb-medien/medienaufstellung/index.php

http://www.stadtbuecherei.waiblingen.de/

http://www.stadtbuecherei-bamberg.de/Plaene/Plan-EG.html

http://www.stadtbuecherei-bamberg.de/Plaene/Plan-OG1.html

http://www.stadtbuecherei-bamberg.de/Plaene/Plan-OG2.html

http://www.stadtbuecherei-heidelberg.bib-bw.de/seiten/download/
   p_100408.pdf

http://www.stadtbuecherei-nordenham.de/index.php?option=com_content
   &task=view&id=32&Itemid=2

http://www.stadtbuecherei-westerstede.de/index.php?id=67

http://www.stadtbuecherei-westerstede.de/index.php?id=68

http://www.stadtbuecherei-wilhelmshaven.de/

http://www.stadt-elmshorn.de/ShowContent.aspx?NA=SN&HLID=33&
   ULID=846

http://www.stadt-elmshorn.de/ShowContent.aspx?NA=SN&HLID=33&
   ULID=650 (Letzter Zugriff am 12.07.2010.)

http://www.stadt-frechen.de/bibliothek.php

http://www.stadt-frechen.de/bibliothek-spielregeln.php

http://www.stadt-frechen.de/Buecherei_Allg_Informationen.pdf

http://www.stadt-stade.info/default.cfm?DID=1581474

http://www.sub.uni-goettingen.de/scripts/gok/browse.php?lang=de

http://www.thun.ch/stadtverwaltung/themen/stadtbibliothek/aktuelles/schauf
   enster-und-medienausstellung.html (Letzter Zugriff am 31.07.2010.)

http://www.thun.ch/stadtverwaltung/themen/stadtbibliothek/angebote-und-dienstleistungen/die-bibliothek-geht-baden.html (Letzter Zugriff am 31.07. 2010.)

http://www.tuebingen.de/19_3848.html

http://www.ub.uni-frankfurt.de/bzg/audio/audioguide.html

http://www.ub.uni-passau.de/audioguide.html

http://www.ulm.de/kultur_tourismus/bibliotheken_und_literatur/1_obergeschoss.30577.3076,3963,3669,30713,30573,30577.htm

http://www.ulm.de/kultur_tourismus/bibliotheken_und_literatur/2_obergeschoss.30580.3076,3963,3669,30713,30573,30580.htm

http://www.ulm.de/kultur_tourismus/bibliotheken_und_literatur/3_obergeschoss.30581.3076,3963,3669,30713,30573,30581.htm

http://www.ulm.de/kultur_tourismus/bibliotheken_und_literatur/orientierung.30589.3076,3963,3669,30713,30573,30589.htm

http://www.ulm.de/kultur_tourismus/bibliotheken_und_literatur/zentralbibliothek.30573.3076,3963,3669,30713,30573.htm

http://www.wolfsburg.de/irj/portal/anonymous?NavigationTarget=imperiafully://de/townhall/49c0f8b2.xml/Rathaus/Rathaus/Kultur%20%26%20Bildung/Stadtbibliothek/Angebote/Multi-Angebote/007237&NavigationContext=imperiafully://de/townhall/49c0f8b2.xml/Rathaus/Rathaus/Kultur%20%26%20Bildung/Stadtbibliothek/Angebote/Multi-Angebote

http://www.wolfsburg.de/irj/portal/anonymous?NavigationTarget=imperiafully://de/townhall/49c0f8b2.xml/Rathaus/Rathaus/Kultur%20%26%20Bildung/Stadtbibliothek/Angebote/F%C3%BChrungen

http://www.wolfsburg.de/irj/portal/anonymous?NavigationTarget=imperiafully://de/townhall/49c0f8b2.xml/Rathaus/Rathaus/Kultur%20%26%20Bildung/Stadtbibliothek/Angebote/Multi-Angebote/007434&NavigationContext=imperiafully://de/townhall/49c0f8b2.xml/Rathaus/Rathaus/Kultur%20%26%20Bildung/Stadtbibliothek/Angebote/Multi-Angebote

http://www.zlb.de/buecher_medien/video_dvd

http://www.zlb.de/kunden_service

http://www.zlb.de/wissensgebiete/elernbar/gameboyausstellung (Letzter Zugriff am 11.07.2010.)

http://www.zlb.de/wissensgebiete/erstinfo_deutsch.pdf

http://www.zlb.de/wissensgebiete/kinder_und_jugend/jugendbibliothek

http://www.zlb.de/wissensgebiete/kunst_buehne_medien/videos

http://www.zlb.de/wissensgebiete/literatur_sprachen_laender/geographie

http://www.zlb.de/wissensgebiete/literatur_sprachen_laender/reisezentrum

http://www.zlb.de/wissensgebiete/zbs

http://www2.lse.ac.uk/library/services/Home.aspx

http://zoomii.com/#

https://www.duesseldorf.de/formular/html/ssl_fuehrung.shtml

www.interkulturellebibliothek.de bzw. http://www.bibliotheksportal.de/haupt
   menue/themen/bibliothekskunden/interkulturelle-bibliothek/

Fotos

Foto 1:	Natalie Fischer
Foto 2:	Thomas Krumpholz (Stadtbibliothek Wolfsburg)
Foto 3 bis Foto 5:	Natalie Fischer
Foto 6:	Elke Ziegler (Städtische Bibliotheken Dresden)
Foto 7 bis Foto 27:	Natalie Fischer
Foto 28:	Stadtbücherei Tübingen
Foto 29:	Thomas-Valentin Stadtbücherei
Foto 30:	Stadtbücherei Tübingen
Foto 31:	Stadtbibliothek Bremen
Foto 32 bis Foto 34:	Natalie Fischer
Foto 35:	Mediathek Schramberg
Foto 36 bis Foto 37:	Natalie Fischer
Foto 38 bis Foto 39:	Stadtbibliothek Dettelbach
Foto 40 bis Foto 65:	Natalie Fischer
Foto 66:	Anna Scharf (Gemeindebibliothek Grafenrheinfeld)
Foto 67 bis Foto 86:	Natalie Fischer

Lagepläne

(Letzter Zugriff am 09.12.2010.)

Lageplan 1: Natalie Fischer

Lageplan 2: http://www.stadtbuecherei.pulheim.de/stb-files/images/lage
plan_eg.gif

http://www.stadtbuecherei.pulheim.de/stb-files/images/lage
plan_og.gif

http://www.stadtbuecherei.pulheim.de/stb-files/images/lage
plan_ug.gif

Lageplan 3: http://www.schweinfurt.de/kultur-tourismus/stadtbuecherei/
91.Herzlich_willkommen_in_der_Stadtbuecherei.html

Lageplan 4:   http://www.aachen.de/DE/stadt_buerger/bildung/oeffentliche_
              bibliothek/dokumente_oebi/orientierungsplan_website_pdf.pdf

Lageplan 5:   http://stadtbibliothek.goettingen.de/og2.htm

Lageplan 6:   http://www.stabue-online.waiblingen.de/opac/picture/ms202.
              jpg.S

Lageplan 7:   Universitätsbibliothek Kaiserslautern, ebenso http://www.ub.uni-
              kl.de/cms/showpic.php?file=uploads%2Fpics%2Fzb.gif&wid
              th=800m&height=600m&bodyTag=%3Cbody%20bgcolor
              %3D%22black%22%3E&wrap=%3Ca%20href%3D%22java
              script%3Aclose()%3B%22%3E%20|%20%3C%2Fa%3E&md
              5=460f17d84e29246cc9b3b6f186d8d5c3

Lageplan 8:   http://www.ub.tu-cottbus.de/standort/9_6.html

Lageplan 9:   http://libero.ub.uni-konstanz.de:8080/bibmap/BIBMAP_Server?
              signatur=bub%20363/f48&GRUPPE=bub&LANG=de

Screenshots

Screenshot 1:   http://www.stadtbuecherei.pulheim.de/stb-medien/medienauf
                stellung/ index.php (Letzter Zugriff am 09.12.2010.)

Screenshot 2:   http://www.ulm.de/kultur_tourismus/bibliotheken_und_litera
                tur/orientierung.30589.3076,3963,3669,30713,30573,305
                89.htm (Letzter Zugriff am 29.07.2010.)

Screenshot 3:   http://www.tuebingen.de/19_3848.html (Letzter Zugriff am
                09.12.2010.)

Screenshot 4:   http://195.189.92.46/bibliotheken/hauptstelle/erwachsenenbi
                bliothek/aktuelle-medienaustellungen/albert-camus (Letzter
                Zugriff am 17.07.2010.)

Screenshot 5:   http://195.189.92.46/bibliotheken/hauptstelle/erwachsenenbi
                bliothek/aktuelle-medienaustellungen/das-weltall (Letzter Zu-
                griff am 17.07.2010.)

Auskünfte von Personen

Beck, Eva (Stadtbibliothek Herten)

Bolle, Ruth (Mediathek Schramberg)

Dietz, Michael (Stadtbücherei Schweinfurt)

Ewenz, Gabriele (Stadtbibliothek Köln)

Gerten, Manfred (Stadtbücherei Pulheim)

Gmelch, Christa (Stadtbibliothek Reutlingen)

Grünewald, Bettina (Marktbücherei Bad Abbach)

Hummel, Fleur (Stadtbücherei Pfullingen)

Kerber, Sabine (Stadtbibliothek Langenhagen)

Kohlmeyer, Ingrid (Stadtbücherei Heidelberg)

Kopp, Konrad (Stadtbibliothek Röthenbach a. d. Pegnitz)

Kormann, Richard (Stadtbücherei Düsseldorf)

Krumpholz, Thomas (Stadtbibliothek Wolfsburg)

o. A. (Thomas-Valentin Stadtbücherei)

Peters, Tobias (Stadtbibliothek Bremen)

Petsonias, Joana (Stadtbücherei Tübingen)

Reisser, Michael (Berufsverband Information Bibliothek e. V.)

Rosemann, Katrin (Stadtbibliothek Berlin-Mitte)

Ruge, Klaus-Ulrich (Stadtbibliothek Cuxhaven)

Ruge, Renate (Stadtbibliothek Cuxhaven)

Scharf, Anna (Gemeindebibliothek Grafenrheinfeld)

Schleiwies, Gerald (Stadtbücherei Frechen)

Schneeberger, Lea (Stadtbibliothek Dettelbach)

Schwickert, Rita (Stadtbibliothek Herten)

Vincent, Michel (Stadtbibliothek Essen)

Weitzel-Bertram, Bettina (Stadtbibliothek Hannover)

Wucherer, Petra (Stadtbücherei Tübingen)

Wundsam, Franz (Stadtbibliothek Darmstadt)

Ziegler, Elke (Städtische Bibliotheken Dresden)

Adressenverzeichnis

Deutschland

Bayerische Staatsbibliothek, Landesfachstelle für das öffentliche Bibliothekswesen, Kaulbachstraße 19, 80539 München.

Berufsverband Information Bibliothek e. V., Gartenstr. 18, 72764 Reutlingen.

Bibliothek der Universität Konstanz, Universitätsstr. 10, 78457 Konstanz.

Bibliothek Waldmühle, Mühlenweg 4, 29614 Soltau.

Bücherhallen Hamburg
  Jugendbibliothek Hoeb4U, Friedensallee 9, 22765 Hamburg.
  Zentralbibliothek, Hühnerposten 1, 20097 Hamburg.

Buchhandlung M. Kaiser, Dürener Str. 202, 50931 Köln.

Buchhandlung Rotgeri, Bahnhofstraße 16 und 18, 53879 Euskirchen.

Buchhandlung Wenz, Dürener Str. 164, 50931 Köln.

ekz. bibliotheksservice GmbH, Bismarckstr. 3, 72764 Reutlingen.

Gelsenkirchener Stadtbibliothek, Zentralbibliothek, Ebertstraße 19, 45879 Gelsenkirchen.

Gemeindebibliothek Grafenrheinfeld, Kirchplatz 1 a, 97506 Grafenrheinfeld.

Gemeindebücherei Steinkirchen-Grünendeich, Striep 2, 21720 Steinkirchen.

Hochschul- und Kreisbibliothek Bonn-Rhein-Sieg
  Abteilungsbibliothek, Grantham-Allee 20, 53757 Sankt Augustin.
  Abteilungsbibliothek, von-Liebig-Straße 20, 53359 Rheinbach.

Kreis- und Stadtbibliothek Vilsbiburg, Gobener Straße 4 a , 84137 Vilsbiburg.

Lebendige Bibliothek Bottrop, Zentrale, Böckenhoffstr. 30, 46236 Bottrop.

Marktbücherei Bad Abbach, Kaiser-Karl-V.-Allee 5, 93077 Bad Abbach.

Mediathek Neckarsulm, Urbanstraße 12, 74172 Neckarsulm.

Mediathek Schramberg, Berneckstr. 9, 78713 Schramberg.

Münchener Stadtbibliothek, Zentralbibliothek, Am Gasteig, Rosenheimer Str. 5, 81667 München.

Niedersächsische Staats- und Universitätsbibliothek Göttingen, Platz der Göttinger Sieben 1, 37073 Göttingen.

Philadelphia Buchhandlung August Fuhr, Oberamteistr. 9, 72764 Reutlingen.

Schulz Speyer Bibliothekstechnik AG, Friedrich-Ebert-Str. 2 a, 67346 Speyer.

Stadt- und Landesbibliothek Dortmund, Zentralbibliothek, Königswall 18, 44137 Dortmund.

Stadt- und Regionalbibliothek Erfurt, Domplatz 1, 99084 Erfurt.

Stadtbibliothek Aachen, Zentralbibliothek, Couvenstr. 15, 52062 Aachen.

Stadtbibliothek Artern, Am Königsstuhl 8, 06556 Artern.

Stadtbibliothek Bergheim, Hubert-Rheinfeld-Platz 1, 50126 Bergheim.

Stadtbibliothek Berlin-Mitte
  Bibliothek am Luisenbad, Travemünder Straße 2, 13357 Berlin.
  Bruno-Lösche-Bibliothek, Perleberger Str. 33, 10559 Berlin.
  Philipp-Schaeffer-Bibliothek, Brunnenstr. 181, 10119 Berlin.

Stadtbibliothek Braunschweig, Schlossplatz 2, 38100 Braunschweig.

Stadtbibliothek Bremen, Zentralbibliothek, Am Wall 201, 28195 Bremen.

Stadtbibliothek Buxtehude, Fischerstraße 2, 21614 Buxtehude.

Stadtbibliothek Chemnitz, Zentralbibliothek, Moritzstr. 20, 09111 Chemnitz.

Stadtbibliothek Cuxhaven, Kapitän-Alexander-Str. 1, 27472 Cuxhaven.

Stadtbibliothek Darmstadt, Hauptstelle, Große Bachgasse 2, 64283 Darmstadt.

Stadtbibliothek Dettelbach, Rathausplatz 6, 97337 Dettelbach.

Stadtbibliothek Essen
  Fachbibliothek Stadt & Region, Bismarckstr. 10, 45128 Essen.
  Französische Bibliothek, Brigittastr. 34, 45130 Essen.
  Zentralbibliothek, Hollestr. 3, 45127 Essen.

Stadtbibliothek Euskirchen, Kirchstraße 5-7, 53879 Euskirchen.

Stadtbibliothek Gießen, Berliner Platz 1, 35390 Gießen.

Stadtbibliothek Göttingen, Zentralbibliothek, Gotmarstr. 8, 37073 Göttingen.

Stadtbibliothek Hannover
  Oststadtbibliothek, Lister Meile 4, 30161 Hannover.
  Zentralbibliothek, Hildesheimer Str. 12, 30169 Hannover.

Stadtbibliothek Hattingen, Reschop Carré 1, 45525 Hattingen.

Stadtbibliothek Herten, Hermannstr. 16, 45699 Herten.

Stadtbibliothek Köln, Zentralbibliothek, Josef-Haubrich-Hof 1, 50676 Köln.

Stadtbibliothek Langenhagen, Konrad-Adenauer-Str. 6, 30853 Langenhagen.

Stadtbibliothek Luckenwalde, Bahnhofsplatz 5, 14943 Luckenwalde.

Stadtbibliothek Ludwigsburg, Wilhelmstr. 9/1, 71638 Ludwigsburg.

Stadtbibliothek Melle, Weststraße 2, 49324 Melle.

Stadtbibliothek Pforzheim, Zentrale, Deimlingstraße 12, 75175 Pforzheim.

Stadtbibliothek Ratingen, Hauptstelle Medienzentrum, Peter Brüning-Platz 3, 40878 Ratingen.

Stadtbibliothek Reutlingen
  Hauptstelle, Spendhausstr. 2, 72764 Reutlingen.
  Zweigstelle Rommelsbach, Württemberger Str. 5, 72768 Reutlingen.

Stadtbibliothek Röthenbach a. d. Pegnitz, Geschwister-Scholl-Platz 1, 90552 Röthenbach.

Stadtbibliothek Schleiden e. V., Blumenthaler Straße 7-12, 53937 Schleiden.

Stadtbibliothek Siegburg GmbH, Griesgasse 11, 53721 Siegburg.

Stadtbibliothek Stade, Schiffertorsstr. 4, 21682 Stade.

Stadtbibliothek Ulm, Zentralbibliothek, Vestgasse 1, 89073 Ulm.

Stadtbibliothek Wolfsburg, Zentralbibliothek, Porschestraße 51, 38440 Wolfsburg.

StadtBibliothek, Dorotheenstraße 24, 61348 Bad Homburg v. d. Höhe.

Stadtbücherei Ahlen, Südenmauer 21, 59227 Ahlen.

Stadtbücherei Altena, Marktstraße 14-16, 58762 Altena.

Stadtbücherei Bamberg, Hauptstelle, Obere Königsstrasse 4 a, 96052 Bamberg.

Stadtbücherei Biberach an der Riß, Medien- und Informationszentrum, Viehmarktstraße 8, 88400 Biberach.

Stadtbücherei Bochum, Job-Karriere-Bibliothek in der Zentralbücherei, Gustav-Heinemann-Platz 2-6, 44777 Bochum.

Stadtbücherei Düsseldorf, Zentralbibliothek, Bertha-von-Suttner-Platz 1, 40200 Düsseldorf.

Stadtbücherei Elmshorn - Carl von Ossietzky -, Königstraße 56, 25335 Elmshorn.

Stadtbücherei Frechen, Johann-Schmitz-Platz 1-3, 50226 Frechen.

Stadtbücherei Heidelberg, Poststraße 15, 69115 Heidelberg.

Stadtbücherei Nordenham, An der Gate 11, 26954 Nordenham.

Stadtbücherei Pfullingen, Marktplatz 2/2, 72793 Pfullingen.

Stadtbücherei Pulheim, Steinstr. 13, 50259 Pulheim.

Stadtbücherei Schweinfurt, Hauptstelle, Brückenstraße 29, 97421 Schweinfurt.

Stadtbücherei Tübingen
  Hauptstelle, Nonnengasse 19, 72070 Tübingen.
  Zweigstelle Waldhäuser-Ost, Berliner Ring 33, 72076 Tübingen.

Stadtbücherei Waiblingen, Hauptbibliothek, Alter Postplatz 17, 71332 Waiblingen.

Stadtbücherei Wesseling, Alfons-Müller-Platz, 50389 Wesseling.

Stadtbücherei Westerstede, Poststraße 7, 26655 Westerstede.

Stadtbücherei Wilhelmshaven, Virchowstr. 29, 26382 Wilhelmshaven.

Städtische Bibliotheken Dresden
  Bibliothek Gorbitz, Merianplatz 3, 01169 Dresden.
  Bibliothek Südvorstadt, Nürnberger Straße 28 f, 01187 Dresden.
  Haupt- und Musikbibliothek, Freiberger Straße 35, 01067 Dresden.
  medien@age, Waisenhausstraße 8, 01067 Dresden.

Thalia-Buchhandlung Köln, Neumarktpassage, Neumarkt 18 a, 50667 Köln.

Thomas-Valentin Stadtbücherei, Fleischhauerstr. 2, 59555 Lippstadt.

Universität zu Köln, Albertus-Magnus-Platz, 50923 Köln.

Universitäts- und Stadtbibliothek Köln, Universitätsstraße 33, 50931 Köln.

Universitätsbibliothek Cottbus, Karl-Marx-Straße 53, 03044 Cottbus.

Universitätsbibliothek Frankfurt am Main, Bibliothekszentrum Geisteswissenschaften, Grüneburgplatz 1, 60323 Frankfurt am Main.

Universitätsbibliothek Kaiserslautern, Zentralbibliothek, Paul-Ehrlich-Strasse,
67663 Kaiserslautern.

Universitätsbibliothek Lüneburg, Scharnhorststraße 1, 21335 Lüneburg.

Universitätsbibliothek Passau, Zentralbibliothek, Innstr. 29, 94032 Passau.

Zentral- und Landesbibliothek Berlin (ZLB)
  Haus Amerika-Gedenkbibliothek, Blücherplatz 1, 10961 Berlin.
  Haus Berliner Stadtbibliothek, Breite Str. 30-36, 10178 Berlin.
  Senatsbibliothek Berlin, Straße des 17. Juni 112, Ernst-Reuter-Haus,
  10623 Berlin.

Großbritannien

British Library of Political & Economic Science, Houghton Street, London,
  WC2A 2AE.

Cambridge University Library, Betty and Gordon Moore Library, Wilberforce
  Road, Cambridge, CB3 0WD.

Cambridge University Library, West Road, Cambridge CB3 9DR.

Schweden

Stadsbiblioteket Malmö, Kung Oscars väg 11, 205 81 Malmö.

Schweiz

Stadtbibliothek Biel, Dufourstrasse 26, 2502 Biel/Bienne.

Stadtbibliothek Thun, Bahnhofstrasse 6, 3600 Thun.

Stadtbibliothek und Stadtarchiv Zofingen, Hintere Hauptgasse 20, 4800 Zofingen.

Vereinigte Staaten von Amerika

Iowa City Public Library, 123 South Linn Street, Iowa City, IA 52240.

Stichwortverzeichnis

Großbritannien

Schweden